DON BOSCO
VERLAG

Benedikta Hintersberger
Aurelia Spendel (Hrsg.)

STARK BIN ICH
UND VOLLER LEBEN
Frauen der Bibel
kommen ins Wort

don bosco
frauenSpuren

Die Deutsche Bibliothek – CIP-Einheitsaufnahme

Ein Titelsatz zu dieser Publikation ist
bei Der Deutschen Bibliothek erhältlich.

2. Auflage 2001 / ISBN 3-7698-1023-6
© 1997 Don Bosco Verlag, München
Umschlagmotiv und Illustrationen:
Claudia Nietsch-Ochs
Umschlag: Margret Russer
Produktion:
Don Bosco Grafischer Betrieb, Ensdorf

INHALT

VORWORT
ZUR ZWEITEN AUFLAGE

Frauen in den Mittelpunkt zu stellen, ist das Anliegen unseres Buches, Frauen als Subjekte ihrer Geschichte und ihres Glaubens.

Frauen sind Subjekte ihrer Geschichte
Frauen haben Geschichte, erzählen Geschichte und Geschichten, einzeln und gemeinsam. Im Berichten und Anhören bleibt ihr Leben lebendig, wird angeknüpft an andere Frauenleben und fügt sich ein, harmonisch oder widerspenstig, in die Kette der Generationen über Kulturen, Völker und Jahrhunderte hinweg. Wo diese Perlenkette zerreißt oder zerrissen wird, hat jede einzelne immer wieder neu das quälende Gefühl: Ich muß ganz von vorne anfangen, Wege der Befreiung, der Gerechtigkeit, des Friedens gehen - geht das? Habe ich allein die Kraft dazu? Und wenn die Kraft erlahmt, die Schritte schwer werden, der Rücken krumm wird?

Frauen sind Subjekte ihres Glaubens

Frauen verschwinden oft hinter Männern. Sie sind Menschen im Genitiv als Ehefrau von …, Mutter von …, Tochter von …, Frauen ohne eigenen Namen - auch Frauen der Bibel geht es so. Und selbst wo die Frauen der Bibel in Erscheinung treten, kennen wir kaum mehr als ein paar Striche ihres Portraits. Sie zu entdecken heißt mehr als Informationen gewinnen: Zerrissene Erzählfäden werden aneinander angeknüpft, Identifizierungsmöglichkeiten werden geschaffen, Richtschnüre und Geländer für das eigene Leben im Glauben angeboten, Schwestern und Mitstreiterinnen sichtbar.

Frauen sind Subjekte ihres Lebens

Einsamkeit saugt das Mark aus den Knochen. Hier ist nicht das notwendige, verschwiegene und wachstumsgeladene Alleinsein gemeint, sondern der eisige, antwortlose, unerbittliche Stillstand aller Kommunikation. Keine ruft, keine fragt, keine antwortet, niemand ist da. Erst im Erzählen als geteiltem Leben können Schrecken aufgefangen und durchgestanden werden, Freude geteilt, Leid beklagt, Warnung ausgesprochen, Trost und Ermutigung geschenkt, Hoffnung und Segen zugesagt werden. Erzählen ist Leben. Erzählende sind Subjekte des eigenen Lebens und Erinnerns.

Wenn Frauen von heute mit Frauen der Bibel ins Gespräch kommen, geschieht Leben. Jede spricht ihre eigene Sprache und kann doch von anderen verstanden werden. Jede redet mit einem anderen Gegenüber und trotzdem ergibt sich ein Zusammenhang. Es werden Spuren deutlich, die Frauen in der Geschichte des Judentums und des Christentums hinterlassen haben, Spuren als unverzichtbare Wegmarken.

Die erzählend aktualisierende Auslegung der Bibel, die jüdische Midraschtradition, war uns Vorbild für das eigene Unterfangen, heute, mit unseren Augen, Ohren und Herzen Frauen der Bibel zum Sprechen zu bringen, Fragen von heute an den Bibeltext zu stellen und die verschwiegenen Lücken der Texte mit eigenen Erzählungen und Deutungen zu füllen. Für manche Autorinnen war eine solche Weise der Begegnung neu und nicht einfach, sind sie doch eher eine wissenschaftliche Arbeitsform gewohnt. Ihre Bemühungen und Entdeckungen regen an, als Leserin das gleiche zu versuchen wie sie: auf verborgene Aspekte aufmerksam werden, mit neuem Blick sehen, Ungewohntes hören und zu verstehen suchen.

Nicht alle Frauen der Bibel kommen ins Wort. Unsere Richtschnur war das Interesse der Schreiberinnen an ihren Gesprächspartnerinnen. Ordnungskriterium der Beiträge ist die Ordnung der biblischen Bücher. Nur die Frauen der Passionsgeschichte stehen am Schluß.

Da die Einheitsübersetzung für den Gottesdienst der verbindliche Text ist, haben wir sie zur Grundlage genommen. Ausnahmen sind kenntlich gemacht.

Oft ist es notwendig, nicht nur die angegebenen Bibelstellen zu lesen, sondern das ganze biblische Buch, die ganze Geschichte von Judit und Ester, von Rut und von der Schönen des Hohenlieds. Denn keine der Frauen hat nur einen „Gesichtsausdruck".

Ein Blick auf diese oder jene unserer Mütter und Schwestern aus Israel ist eben nur *ein* Blick, *ein* Verständnis der Frauen aus der Jesusgemeinde. Es gibt deren viele und alle haben ihre Berechtigung.

Die persönliche Begegnung mit biblischen Texten bringt manche Verschiedenheit in der Auffassung dieser Texte zum Ausdruck, eine Verschiedenheit, die der Fülle der christlich-jüdischen Überlieferung gut tut und die sie schöpferisch aufnimmt.

Dabei wurden so viele Traditionen sichtbar, daß im Laufe der Jahre schon mehrere Bücher in dieser Reihe entstanden sind über andere Frauen der Bibel, Frauen der alten und neuen Kirchengeschichte, heiliggesprochene und „Alltags"-Frauen.

Viele der Autorinnen verbindet das gemeinsame Gespräch als Mitglieder des Katholischen Deutschen Frauenbundes. Er ist ein

Ort der gemeinsamen Erfahrung von Glauben und Leben, von Subjekthaftigkeit und schöpferischem Engagement, ein Ort, an dem Tradition von Frauen nicht abreißt, damit auch Töchter und Enkelinnen, Söhne und Enkel sagen können: Stark bin ich und voller Leben.

Benedikta Hintersberger OP
Aurelia Spendel OP

PROLOG: EIN LÄNGST FÄLLIGES GESPRÄCH

Maria: Sei mir gegrüßt, Eva, Schwester im Herrn!

Eva: Du, die »Gebenedeite unter den Weibern«, mein Gegenbild, du grüßt mich? Die »reine Jungfrau« grüßt die »gefallene Verführerin« und nennt sie gar Schwester?

Maria: Warum so bitter … ?

Eva: Wie sollte ich nicht bitter klingen? Du weißt doch, was man von mir sagt! Ich war es, die auf die Verführungskünste der Schlange hereinfiel und die damit für alle Zeiten die moralische Schwäche der Frau unter Beweis stellte. Ich war es, die Adam den Apfel reichte und ihn, dem solches doch fernlag, zur Sünde verführte. Wäre ich nicht gewesen, so wäre der Mann heute noch im Paradies. Zu Recht, so heißt es, wurde ich in besonderer Weise bestraft: durch die Leiden von Schwangerschaft und Geburt und durch die Unterwerfung unter die Herrschaft des Mannes. Wirklich, meinen Töchtern habe ich nur Kummer gebracht! Glaube mir, ich habe die Bitterkeit des Lebens geschmeckt!

Maria: Ich verstehe, aber so einfach …

Eva: Was verstehst du? Wie könntest du mich und meine Töchter verstehen – du, die von Anbeginn Sündelose, das reine Gefäß der Gnade, die Jungfrau der Jungfrauen, die himmlische Frau? Du bist doch von den Realitäten unseres Lebens meilenweit entfernt! Ahnst du überhaupt, was es heißt, unter den Launen eines Mannes zu leiden, anstrengende Schwangerschaften und schwere Geburten durchzustehen, mit Mühen und Sorgen Kinder großzuziehen, ihren Undank zu ernten und sie womöglich in ihr Unglück rennen zu sehen? All das, was uns Frauen das Leben so schwer macht, kam im Leben der Himmelskönigin nicht vor.

Maria: War es denn so? Ich war ein Mädchen in Israel, fast noch ein halbes Kind, als mir Unfaßbares zustieß. Nazaret, mein Heimatdorf in Galiläa, war ein Nest, wo wenig passierte und dafür um so mehr geklatscht wurde. Wildeste Gerüchte machten die Runde, als ich plötzlich schwanger war.

Die meisten Leute vermuteten, Josef, mein Verlobter, wäre der Vater des Kindes. Josef aber wußte es natürlich besser. Er war ein braver Bursche, der treu zu seiner Familie und zum Glauben der Väter stand, aber eben auch ein Mann. Und er reagierte verwirrt, verletzt, beleidigt und nicht zuletzt im Hinblick auf seine Familie auch ängstlich. Was sollte er von meinen Erklärungen und Beteuerungen halten? Sollte er zu mir stehen oder sich von mir lossagen? Was erwartete die Familie von ihm? Was verlangte das Gesetz des Glaubens?

Eva: Aber er hat sich nicht von dir abgewendet.

Maria: Nein, auch wenn er ernsthaft daran gedacht hat … Aber als er schließlich durch Gott erkannte, welches Geschenk dieses Kind war und welche Gnade seine Geburt bedeutete, war er der verläßlichste Ehemann und der fürsorglichste Vater, den man sich denken kann.

Eva: Also: Ende gut, alles gut! Gewiß, die einzigartige Gnade, die dir zuteil wurde, hat dir am Anfang einige Schwierigkeiten bereitet. Aber das läßt dich noch nicht teilhaben am Schicksal der Frauen! Das hebt die Kluft zwischen dir und ihnen noch nicht auf. Du bleibst die Himmelskönigin, die Hohe Frau!

Maria: Bist du nicht ein wenig vorcilig, Eva? Auch ich habe ein Kind geboren, und dies unter erbärmlichen Umständen. Nicht einmal ein Dach über dem Kopf zu haben, wenn deine Stunde gekommen ist, und dein Kind dann in einem armseligen Stall zur Welt bringen zu müssen, hat gewiß nichts Königliches. Auch ich habe mein Kind mit Mühe und Sorge großgezogen, und ich kann dir versichern: die Sorge war nicht gering. Jesus war ein eigenwilliges Kind, das früh seine eigenen Wege ging. Sicher, tief in meinem Herzen wußte ich, was es Besonderes mit ihm auf sich hatte, daß seine Aufgabe eine einzigartige war. Aber das machte die Sorge nicht kleiner – im Gegenteil. Wie würde er seiner Bestimmung folgen? Mir wurde angst, wenn ich mir vorstellte, wie dieser Weg womöglich aussehen könnte. Und je älter er wurde, desto mehr schienen sich meine Befürchtungen zu bestätigen. Er ging seinen Weg – kompromißlos und unbeirrt. Damals wäre ich bestimmt verzweifelt, wenn nicht in mir diese Gewißheit, dieses feste Vertrauen in Gott und sein Wort gewesen wäre. Trotzdem, ich habe viele bittere Tränen um meinen Sohn geweint.

Eva: Das verstehe ich. Auch ich habe viel geweint um Abel, aber mehr noch um Kain, der seinen Bruder erschlug und dadurch zum Verbrecher wurde. Damals habe ich zwei Kinder verloren.

Maria: Deine Gefühle sind mir nicht fremd. Mein Sohn wurde wie ein Verbrecher hingerichtet. Glaub mir, der Schmerz, den wir beide empfunden haben, unterscheidet sich nicht wesentlich. Ans Kreuz haben sie ihn geschlagen, meinen geliebten Sohn. Dieser Schmerz endete zeitlebens nicht mehr.

Eva: Mag sein, daß es zwischen dir und uns die eine oder andere Gemeinsamkeit gibt …

Maria: Nichts würde ich mir mehr wünschen, als daß ihr begreift: Ich bin eine von euch!

Eva: Aber wie kannst du das sein? Du bist doch die ganz andere Frau! In dir ist, so heißt es, das Ideal der Frau verkörpert, hinter dem alle anderen Frauen zurückbleiben müssen: Alle positiven Züge des Weiblichen sind in dir verwirklicht, von allen negativen bist du frei.

Muß es uns, die wir einfach nur Frauen sind, Frauen, die lieben, leiden, hoffen und scheitern, nicht die Schamröte ins Gesicht treiben, wenn wir uns mit dir vergleichen? Du wirst meinen Töchtern als Vorbild vor Augen gestellt, aber ist das für sie nicht eher frustrierend als motivierend? Du bleibst als die Jungfrau-Mutter jenseits ihrer Möglichkeiten und jenseits ihrer Realität. Niemals kannst du eine von uns sein!

Maria: Du hast unrecht, Eva. Du begräbst mich unter den Bildern, die andere von mir gezeichnet haben. Einige dieser Bilder geben etwas Wahres wieder, andere sind eher Ausdruck davon, wie sich Männer zu bestimmten Zeiten ihre Idealfrau wünschten. Wenn ich deinen Töchtern ein Vorbild sein darf, dann doch nicht wegen meiner Lebensform! Zuerst und zunächst Mensch sein als Frau, Mensch sein vor Gott und nach seinem Gleichnis, darauf kommt es an!

Entscheidend ist der Glaube an Gott und sein Wort – auch in den dunklen Stunden des Lebens, ganz gleich zu welcher Zeit, in welchem Land, in welcher Kultur eine Frau ihr Frausein lebt. Kann für deine Töchter der Blick auf mich nicht auch ermutigend sein, wenn sie das begriffen haben?

Eva: Vielleicht … Trotzdem: Du bist die von Anbeginn Sündelose, ein Leben lang frei von jeder sündhaften Regung. Meine Töchter dagegen sind, so sagt man, mehr nach mir, der Sünderin, geraten. Sie sind wankelmütig und neigen zur Sünde.

Maria: Du erstaunst mich immer wieder, Eva. Niemand hat aus meiner Rolle im Heilsplan Gottes je abgeleitet, daß die Frauen die gläubigeren Menschen sind oder daß Gott sie bei der Ausgießung seiner Gnade bevorzugt, obwohl doch ich, eine Frau, neben meinem Sohn allein als von der Erbsünde bewahrt gelte. Wer also will aus deiner Rolle ableiten, daß die Frauen die sündigeren Menschen sind? Gewiß, du hast gesündigt, aber doch nicht allein, sondern gemeinsam mit deinem Mann Adam. Wußte er nicht, was er tat?

Eva: So glaubst du also nicht, daß meine Schuld größer war und daß die Frauen grundsätzlich der moralisch schwächere Teil der Menschheit sind?

Maria: Wie könnte ich, eine Frau, dies glauben – zumal nach den Erfahrungen, die ich mit Gott gemacht habe? Beweist nicht die Tatsache, daß Gott von allen möglichen Wegen zum Heil für das Menschengeschlecht ausgerechnet den Weg über eine Frau wählte, daß er den Frauen weit mehr vertraut, als uns manche seiner eifrigsten Diener glauben machen wollen? Sieht man daran nicht, daß Männer und Frauen für Gott und sein Heilshandeln gleich wichtig und wertvoll sind? Gott hat den Menschen als Mann und Frau erschaffen. Männer und Frauen sind gemeinsam Abbild Gottes. Wie also könnte es anders sein?

Eva: Vielleicht hast du ja recht. Vielleicht habe ich dich wirklich unter den Bildern begraben, die andere von dir gezeichnet haben. Aber meinen Töchtern wird es nicht anders ergehen. Wie sollen sie dich finden hinter all den Kerzen und dem Weihrauch, die der Himmelskönigin dargebracht werden?

Maria: Wenn deine Töchter mich suchen, dann sollen sie nicht zuerst in den Himmel schauen, sondern neben sich, denn dort stehe ich – als Mensch und als Frau, die eine besondere Geschichte mit Gott hat durch alle Höhen und Tiefen des Lebens, als ihre Schwester im Glauben.

Marion Wagner

Da sagte Maria: Meine Seele preist die Größe des Herren, und mein Geist jubelt über Gott, meinen Retter.

Denn auf die Niedrigkeit seiner Magd hat er geschaut. Siehe, von nun an preisen mich selig alle Geschlechter.

Denn der Mächtige hat Großes an mir getan, und sein Name ist heilig.

Er erbarmt sich von Geschlecht zu Geschlecht über alle, die ihn fürchten.

Er vollbringt mit seinem Arm machtvolle Taten: Er zerstreut, die im Herzen voll Hochmut sind;

er stürzt die Mächtigen vom Thron und erhöht die Niedrigen.

Die Hungernden beschenkt er mit seinen Gaben und läßt die Reichen leer ausgehen.

Er nimmt sich seines Knechtes Israel an und denkt an sein Erbarmen, das er unseren Vätern *und Müttern* verheißen hat, Abraham *und Sara, Isaak und Rebekka, Jakob, Lea und Rahel und ihren* Nachkommen auf ewig.

Lukas 1,46–55

SARA LACHT

Abraham saß zur Zeit der Mittagshitze am Zelteingang. Er blickte auf und sah vor sich drei Männer stehen. Sie fragten ihn: Wo ist deine Frau Sara? Dort im Zelt, sagte er. Da sprach der Herr: In einem Jahr komme ich wieder zu dir, dann wird deine Frau Sara einen Sohn haben. Sara hörte am Zelteingang hinter seinem Rücken zu. Abraham und Sara waren schon alt; sie waren in die Jahre gekommen. Sara erging es längst nicht mehr, wie es Frauen zu ergehen pflegt. Sara lachte daher still in sich hinein und dachte: Ich bin doch schon alt und verbraucht und soll noch das Glück der Liebe erfahren? Auch ist mein Herr doch schon ein alter Mann! Da sprach der Herr zu Abraham: Warum lacht Sara und fragt: Soll ich wirklich noch Kinder bekommen, obwohl ich so alt bin? Ist beim Herrn etwas unmöglich? Nächstes Jahr um diese Zeit werde ich wieder zu dir kommen; dann wird Sara einen Sohn haben. Sara leugnete:

Ich habe nicht gelacht. Sie hatte nämlich Angst. Er aber sagte: Doch, du hast gelacht.

Genesis 18,1.9–15

Der Herr nahm sich Saras an, wie er gesagt hatte, und er tat Sara so, wie er versprochen hatte. Sara wurde schwanger und gebar dem Abraham noch in seinem Alter einen Sohn zu der Zeit, wie Gott angegeben hatte.

Abraham war hundert Jahre alt, als sein Sohn Isaak zur Welt kam. Sara aber sagte: Gott ließ mich lachen; jeder, der davon hört, wird mit mir lachen. Wer, sagte sie, hätte Abraham zu sagen gewagt, Sara werde noch Kinder stillen? Und nun habe ich ihm noch in seinem Alter einen Sohn geboren.

Genesis 21,1–2.5–7

Sara, dein Leben war voller Lachen. Du lachtest über die Kunde, als Greisin noch ein Kind gebären zu können. Du lachtest am Tag der Geburt deines Sohnes. Deinem Kind hast du einen Namen gegeben, der uns an dein Lachen erinnert: »Isaak« – Gott war es, der dich lachen ließ. Auch unser Mund ist oft voller Lachen – Lachen des Unverständnisses, Lachen der Freude, Lachen des Schmerzes. Es war wohl kein verächtliches Lachen, das aus dir herausbrach, als du die Männer draußen vor dem Zelt reden hörtest von der späten Schwangerschaft, die du erleben solltest. Nein, du lachtest still in dich hinein, heißt es. Unglaublich erschien dir diese Botschaft. Zu lange warteten Abraham und du bereits auf das »Glück der Liebe«. Du hattest schon nach anderen Wegen gesucht, damit deine Familie den Segen der Nachkommenschaft nicht entbehren mußte. Es war deine Idee, Abraham zu Hagar zu schikken, damit deine Magd dir Kinder schenkte. Dein Mann hörte auf dich (Gen 16,2). Nun warst du alt geworden. »Verbraucht« fühltest du dich. Dein Leib bereitete sich schon län-

gere Zeit nicht mehr Monat für Monat darauf vor, eine Frucht zu nähren. Da war kein Aufbegehren mehr in dir. Du hattest dich mit deinem Leben versöhnt. Du warst zufrieden mit dem Gegebenen. Kraft kostete dich dies.

Schlimme Ahnungen müssen dich bald schon überfallen haben. Wir wissen wenig von dir. Vielleicht hast du schwere Zeiten durchlebt. Vielleicht konntest du mit einer Vertrauten sprechen. Vielleicht hast du gegen die immer größer werdende Gewißheit angekämpft. Vielleicht brauchtest du sehr lange, bis du dich so annehmen konntest, wie du warst. Dann wird es gelungen sein – zumindest für Zeiten. Dein Lachen gleicht dem Lachen derer, die resigniert haben.

Dein Lachen wolltest du vor den Männern verbergen, denen du das Mahl bereitet hast und die über dich und deine Lebenswunde sprachen. Wovor hattest du Angst? Du hättest auch zornig werden können, da du doch zunächst nicht mitreden durftest. Merktest du sehr bald schon, daß die Männer dich in ihr Gespräch einbeziehen wollten?

Spürtest du ihre Achtung vor dir? Fragtest du dich, wer diese denn sind? Hattest du bereits begonnen, dem Wort der Männer zu vertrauen? War die alte Sehnsucht schon wieder da, doch noch Kindern das Leben schenken zu können? Warst du nun in Sorge, sie könnten ihre Worte zurücknehmen, wenn du eingestehen solltest, die Erfüllung ihrer Verheißung zunächst für unglaubwürdig gehalten zu haben? Angst vor der Strafe der Mißbilligung – sie fesselt auch uns. Wir gestehen uns unsere Ängste nicht ein.

Dein Lachen blieb Gott nicht verborgen. Doch bestraft wurde es nicht. Die, die es hörten, wußten um den Schmerz, den du belachtest, um ihn nicht dauernd spüren zu müssen. Viele lachen, wenn sie auf ihr Leiden aufmerksam werden. Viele lachen, obwohl ihnen eigentlich zum Weinen zumute ist. Dies wußten die Männer. Sie wollten dir dein Lachen nicht nehmen. Du solltest bei deinem Lachen bleiben können.

Sara, dein resigniertes Lachen verwandelte sich nach Jahresfrist in ein tatenfrohes. Du hast dein Kind mit lachendem Mund geboren. Du freutest dich an dem Leben, das in dir groß und stark geworden war. Nun konnte das Kind atmen. Dein erster Wunsch war es, andere an deinem Lachen teilhaben zu lassen. Du wolltest, daß andere von deinem Glück hören. Du sehntest dich nach Verbundenheit. Dein Kind sollte ein Segen für alle sein. Du wolltest deine Freude nicht für dich alleine behalten.

Unser Lachen hat vielerlei Gestalt. Wir äußern darin Inneres. Eine innere Anspannung tritt nach außen. Widersprüche werden offenkundig. Unerwartetes begegnet uns. Das Leben überrascht uns mit Schmerzlichem oder Freudigem. Worte treffen in die Tiefe und rühren an Ungeklärtes. Bilder treten uns vor Augen und machen uns stutzig. Diskrepanzen werden offenkundig. In das Vertraute bricht plötzlich Neues ein. Der noch unvertraute Gedanke will begrüßt werden. Das Lachen der Freude begrüßt das unerwartete Glück. Das Lachen des Schmerzes empfängt das plötzlich wieder bewußtwerdende alte Leiden.

Die Männer haben Abraham gefragt, warum seine Frau lache. Sie waren aufmerksam und suchten nach einer Deutung. Sie regen mich an, aufmerksam zu sein gegenüber dem Lachen der Menschen in meiner Nähe, sie zu fragen darüber, was wir als das Gewöhnliche in unserem Leben deuten und was uns unerwartet trifft. Oft sind es Worte, die ein Lachen auslösen: ein Zuspruch, der beglückt; eine Deutung, die verändert; ein Gedanke, der schmerzt. Worte verwandeln das Vorgegebene. Es muß nicht alles beim Alten bleiben.

Sara, die biblischen Schriften erzählen, du wärest mehrfach bereit gewesen, dich dem unerwartet Zugeschickten zu überlassen (Gen 12,10–20; 20,1–18). Gott war bei dir in deinem Lachen, und er war da in deinem Weinen. Dein Glaube war groß (Hebr 11,11). Du hattest Vertrauen. Und Gott erfüllte das Wort der Verheißung.

Dorothea Sattler

REBEKKAS BETRUG

Als Isaak alt geworden war und seine Augen erloschen waren, so daß er nicht mehr sehen konnte, rief er seinen älteren Sohn Esau und sagte zu ihm: Mein Sohn! Er antwortete: Hier bin ich. Da sagte Isaak: Du siehst, ich bin alt geworden. Ich weiß nicht, wann ich sterbe. Nimm jetzt dein Jagdgerät, deinen Köcher und deinen Bogen, geh aufs Feld und jag mir ein Wild! Bereite mir dann ein leckeres Mahl, wie ich es gern mag, und bringe es mir zum Essen, damit ich dich segne, bevor ich sterbe.

Rebekka hatte das Gespräch zwischen Isaak und seinem Sohn Esau mit angehört. Als Esau zur Jagd aufs Feld gegangen war, um ein Wild herbeizuschaffen, sagte Rebekka zu ihrem Sohn Jakob: Ich habe gehört, wie dein Vater zu deinem Bruder Esau gesagt hat: Hol mir ein Wild, und bereite mir ein leckeres Mahl zum Essen; dann will ich dich vor dem Herrn segnen, bevor ich sterbe. Nun hör genau zu, mein Sohn, was ich dir auftrage: Geh zur

Herde und bring mir von dort zwei schöne Ziegenböckchen! Ich will damit ein leckeres Mahl für deinen Vater zubereiten, wie er es gern mag. Du bringst es dann deinem Vater zum Essen, damit er dich vor seinem Tod segnet. Jakob antwortete seiner Mutter Rebekka: Mein Bruder Esau ist aber behaart, und ich habe eine glatte Haut. Vielleicht betastet mich mein Vater; dann könnte er meinen, ich hielte ihn zum besten, und ich brächte Fluch über mich statt Segen. Seine Mutter entgegnete: Dein Fluch komme auf mich, mein Sohn. Hör auf mich, geh und hol mir die Böckchen! Da ging er hin, holte sie und brachte sie seiner Mutter. Sie bereitete ein leckeres Mahl zu, wie es sein Vater gern mochte. Dann holte Rebekka die Feiertagskleider ihres älteren Sohnes Esau, die sie bei sich im Hause hatte, und zog sie ihrem jüngeren Sohn Jakob an. Die Felle der Ziegenböckchen legte sie um seine Hände und um seinen glatten Hals. Dann übergab sie das leckere Essen und das Brot, das sie zubereitet hatte, ihrem Sohn Jakob.

Genesis 27,1–17

Rebekka – ich weiß nicht sehr viel von dir.
Aber das wenige, das ich von dir gehört und
erfahren habe, weckt gemischte Gefühle in
mir.

Ich sehe dich als junges Mädchen. Du bist
etwa vierzehn Jahre alt, sehr schön und noch
unverheiratet. Dein Vater Betuël war ein rei-
cher Herdenbesitzer in Mesopotamien. Seit
dessen Tod ist dein Bruder Laban Familien-
oberhaupt und somit für dich verantwortlich.

Du hast gerade aus einem Brunnen vor
den Toren der Stadt Wasser geschöpft und
bist auf dem Weg nach Hause. Da spricht
dich ein Fremder an und bittet dich um Wasser. Du hast keine Scheu, bist zuvorkom-
mend und hilfsbereit. Du gehst sogar zum
Brunnen zurück, um auch für die Kamele
Wasser zu schöpfen. Du weißt nicht, daß
dieser Fremde als Brautwerber unterwegs ist
für seinen Herrn Isaak, den Sohn Abrahams.
Du ahnst auch nicht, daß er in dir die von
Gott auserwählte Frau Isaaks erkennt. Er-
staunt nimmst du die reichen Geschenke an.
Eigentlich möchtest du den Fremden einla-

den, er ist dir sympathisch. Doch das schickt sich nicht für eine junge Frau. So läufst du schnell nach Hause und berichtest der Mutter und dem Bruder von der Begegnung.

Dein Bruder Laban lädt den Fremden ein. Die Familien werden sich schnell einig. Der Ehevertrag wird geschlossen. Es braucht keine langen Verhandlungen, der Wille Gottes ist eindeutig. Du selbst wirst nicht gefragt. Es ist so üblich. Und doch willst du ein Wort mitreden: Auf dein Recht, noch eine Weile im Elternhaus wohnen zu bleiben, verzichtest du. Mutig triffst du die Entscheidung, deine Familie und alles, was dir vertraut ist, zu verlassen, ohne zu wissen, auf was du dich da einläßt. Du machst dich einfach auf den Weg in eine dir fremde Welt. Und dein Vertrauen wird belohnt. In Isaak triffst du einen Mann, der dich liebt.

Wie du all die Jahre mit Isaak gelebt hast, wissen wir nicht. Wir hören erst wieder von dir, als du nach zwanzigjähriger kinderloser Ehe endlich Zwillinge geboren hast.

Was hatte Jahwe dir vorausgesagt, als du schwanger warst und sich die Kinder in deinem Bauch so gestritten haben, daß du Angst hattest, sie beide zu verlieren? »Zwei Völker sind in deinem Leib, zwei Stämme trennen sich schon in deinem Schoß. Ein Stamm ist dem andern überlegen, der ältere muß dem jüngeren dienen.«

Der erstgeborene Esau ist dir von Anfang an fremd – sein Aussehen, sein Wesen, später seine Leidenschaft für das Herumstreunen und die Jagd. Jakob ist dir da viel vertrauter. Er sucht deine Nähe, hält sich bei den Zelten auf, hilft dir beim Kochen, ist sanft und träumerisch.

So ist es keine Frage für dich, daß du dafür kämpfst, deinem Lieblingssohn das Privileg und den Segen des Erstgeborenen zu verschaffen. Und dabei setzt du alle Mittel weiblicher List ein. Was bleibt dir als Frau auch anderes übrig? Zumal du davon überzeugt bist, Gottes Willen zu befolgen. So überzeugt, daß du die Bedenken Jakobs zerstreust und bereit bist, die Konsequenzen aus deinem Handeln zu tragen und mögliche schlimme Folgen auf dich zu nehmen.

Als ich dich, Rebekka, und deine Geschichte kennenlernte, habe ich zuerst nur die Mutter der ungleichen Zwillinge Esau und Jakob gesehen. Und ich verachtete dich, weil du eines deiner Kinder bevorzugtest. Du paßtest nicht in mein Bild von einer Mutter, die doch alle ihre Kinder gleich lieben muß. Und dann noch der Betrug, zu dem du deinen Lieblingssohn Jakob angestiftet hast und mit dem er sich den Erstgeburtssegen erschlichen hat. Typisch Frau, die mit weiblicher List erreichen will, was ihr nicht zusteht? Nein, du warst kein Vorbild für mich.

Heute sehe ich das etwas anders. Ich weiß mittlerweile wohl, daß man als Mutter seine Kinder in sehr unterschiedlicher Weise lieben kann. Daß einem das eine Kind mitunter näher steht als das andere.

Inzwischen habe ich auch ganz andere Seiten an dir erkannt, die ich vorher nicht bemerkt hatte: deine Stärke, deine Eigenständigkeit, deine Entscheidungsfreudigkeit und deinen Mut, dich auf Unbekanntes einzulassen.

Ich kann dich jetzt besser verstehen, Rebekka. Dennoch frage ich mich immer wieder: Ist und bleibt Betrug denn nicht Unrecht, auch wenn er in guter Absicht geschieht?

Gabriele Klöckner

GOTTESSTREITERINNEN UND MÜTTER ISRAELS – LEA UND RAHEL

Jakob diente also um Rahel sieben Jahre. Weil er sie liebte, kamen sie ihm wie wenige Tage vor. Dann aber sagte er zu Laban: Gib mir jetzt meine Frau; denn meine Zeit ist um, und ich will nun zu ihr gehen. Da ließ Laban alle Männer des Ortes zusammenkommen und veranstaltete ein Festmahl. Am Abend aber nahm er seine Tochter Lea, führte sie zu ihm, und Jakob wohnte ihr bei.

Am Morgen stellte sich heraus: Es war Lea. Da sagte Jakob zu Laban: Was hast du mir angetan? Habe ich dir denn nicht um Rahel gedient? Warum hast du mich hintergangen? Laban erwiderte: Es ist hierzulande nicht üblich, die Jüngere vor der Älteren zur Ehe zu geben. Verbring mit dieser noch die Brautwoche, dann soll dir auch die andere gehören um weitere sieben Jahre Dienst. Jakob ging darauf ein. Er verbrachte mit Lea die Brautwoche, dann gab ihm Laban seine Tochter Rahel zur Frau.

Jakob wohnte Rahel ebenfalls bei, und er liebte Rahel mehr als Lea. Er blieb noch weitere sieben Jahre bei Laban im Dienst. Als der Herr sah, daß Lea zurückgesetzt wurde, öffnete er ihren Mutterschoß, Rahel aber blieb unfruchtbar.

Als Rahel sah, daß sie Jakob keine Kinder gebar, wurde sie eifersüchtig auf ihre Schwester.

Genesis 29,20–31; 31,1a

Jakob war nach Osten gezogen zu Laban, dem Bruder Rebekkas, um sich eine der Töchter Labans zur Frau zu holen. Er hatte fliehen müssen vor dem Zorn seines Bruders, den er betrogen hatte. Jakob wünschte sich Rahel, die jüngere Tochter Labans, zur Frau, wird jedoch bei der ersehnten Hochzeit getäuscht: Laban hat ihm Lea zur Frau gegeben. Jakob, der seinen Bruder betrog, wird jetzt vom Bruder seiner Mutter betrogen. Die eigentlichen Opfer sind die Frauen, die Folge ist ihr Schwesternstreit: Lea, die Liebende, Lea, die fruchtbare Frau, der ein Sohn nach dem anderen geschenkt wird. Lea, die sich sehnt nach der Liebe ihres Mannes. Und Rahel – sie ist sich der Liebe ihres Mannes sicher, der vierzehn Jahre für sie gedient hat. Liebt sie ihn? Wir erfahren es nicht, erfahren nur von ihrem großen Leid – der Unfruchtbarkeit. Rahel sehnt sich nach Kindern. Denn erst dann wird sie wie Lea Anerkennung finden in der Gesellschaft ihrer Zeit. Rahel nimmt es schließlich selbst in die Hand, die Verwicklungen von Konkurrenz und Schwesternstreit zu lösen und diese auch gegen Gott zu entwirren. Mit der Hilfe ihrer Magd Bilha nutzt Rahel die Chance, doch noch zu Kindern zu kommen und triumphiert: »Gotteskämpfe hatte ich mit meiner Schwester auszufechten, und ich habe gesiegt.« Gott hat ihr Recht verschafft. Es geht also nicht nur um die Beziehung zur Schwester – es geht um Gott! Bisher war seine Parteinahme klar: zugunsten Leas. Rahel dreht daran, nimmt sich das Recht heraus, sich selbst Kinder zu verschaffen. Mit Gott rechten und sich das Recht nehmen, das möglich ist, das ihr zusteht, wäre das wohl zuviel gesagt? Lassen wir Lea und Rahel selbst sprechen:

Lea: Ich bin die Älteste, und ich liebe Jakob. Unser Vater hat recht gehandelt, als er mir Jakob zum Mann gab, obwohl er um dich gedient hat. Gott hat zu mir gehalten, mir hat er Söhne geschenkt, einen nach dem anderen. Ihn preise ich in ihren Namen: Ruben: er hat mein Elend gesehen; Simeon: er hat erhört; Levi: er wird anhängen.

Rahel: Doch Jakob liebt mich, nicht dich – von unserer ersten Begegnung an. Ich bin die Frau, die er sich gewählt hat. Und nun habe ich es endlich geschafft, zu Kindern zu kommen durch Bilha, meine Magd. Ich habe mir von Gott genommen, was mir zusteht. Ich habe dich besiegt.

Lea: Unsere Geschichte ist noch nicht zu Ende erzählt. Du weißt, daß du auch dann noch keine eigenen Kinder bekamst, als ich dir Rubens Alraunen abtrat.

Rahel: Und doch konnte ich schließlich Josef zur Welt bringen, mein erstes eigenes Kind, Jakobs Lieblingskind. Für ihn habe ich die Götterbilder gestohlen aus dem Haus unseres Vaters, damit sie ihm zugute kommen. Und ich bin wieder schwanger – vielleicht mit einem neuen Sohn.

Lea: Ja, damals waren wir uns endlich einmal einig, als Jakob uns fragte, ob wir mitkommen wollen in seine Heimat. Wir waren entschlossen, unser Vaterhaus zu verlassen: Hatte Vater uns doch verraten und verkauft, unser Geld aufgezehrt und uns betrogen um die Möglichkeit, Freundinnen zu werden, Schwesterlichkeit zu leben. Wir sind ausgezogen, mit allen Söhnen und meiner Tochter Dina, und bekamen schließlich den Segen unseres Vaters. Jakob versöhnte sich mit Esau, seinem Bruder. Gott ist mit Jakob – und Gott ist mit uns.

Rahel: Können wir je damit leben, zu Konkurrentinnen gemacht worden zu sein? Wir wissen, daß wir Schwestern sind, daß wir uns lösen müssen von unserem Vater und den Sinn des Lebens finden, der uns zugedacht ist. Meine Erfüllung, mein Glück sind die Kinder.

Lea: Ein Glück, für das du stirbst, Rahel, bei der Geburt dieses Sohnes. Du nennst ihn Lebenskraft, denn all deine Lebenskraft hast du in ihn gesetzt. Ist es das wert? Jakob benennt ihn um, in Sohn des Glücks, denn es ist ein Sohn von dir. Mit deinem Tod, Rahel, wird auch von mir nicht mehr berichtet. Wir sind verbunden, bleiben Schwestern. Ich bin angesehen, denn mir sind meine Kinder zum

Segen geworden. Unser Streit miteinander, unser Streit mit Gott wird nicht vergessen werden, denn wir sind die Mütter eines großen Volkes Gottes.

Was bedeuten die Schwesternstreite und Gotteskämpfe dieser Frauen? Rahel spürt allen Möglichkeiten nach. Sie findet sich nicht damit ab, »unfruchtbar« zu sein. Ihr weiteres Schicksal gibt ihr Recht: Josef wird das Lieblingskind Jakobs. Rahel könnte zufrieden sein mit diesem Kind, doch ihr steht die Fruchtbarkeit der Schwester vor Augen; sie bleiben Konkurrentinnen.

Die Schwestern müssen miteinander leben, Tag für Tag. Diese Frauen sind aufeinander angewiesen, ihre Solidarität – wem gilt sie? Der Schwester, dem Ehemann, den Kindern? Ihren Mägden, die für sie geboren haben? Ein Ausgleich für fehlende Liebe – kann er wirklich geleistet werden? Diese Frauen streiten um die Liebe eines Mannes; und der Mann hält sich raus. Er nimmt Partei für Rahel, indem er ihr seine Liebe erweist, doch wo bleibt seine Antwort auf Lea? Wird sie erkennbar im Namen des sechsten Sohnes? Bleibt er dann endlich bei ihr?

Für die eigene und gemeinsame Zukunft bleibt der Auszug: Wie immer ist ein Auszug ein Schritt in die Unsicherheit. Die Gefahr läßt nicht lange auf sich warten: Rahels »Entführung« der Schutzgötter ihres Vaterhauses bringt Laban gegen die Familie auf. Doch Rahel weiß sich zu helfen. Rahel hat die Götterbilder nicht für die Familie gestohlen, sondern für sich selbst. Ihre Söhne sollen die Träger der Verheißung sein. Mit ihnen legitimiert sie ihre Sippe.

Mit der Geburt des jüngsten Sohnes und Rahels Tod im Land Israel endet die Geschichte von Lea und Rahel. Lea wird wie Esau aus der Mitte des Geschehens an den Rand gerückt, der Segen ruht auf Jakob und Josef, er bleibt in Rahels Linie. Rahel hat die Initiative ergriffen, ihre Mittel gewählt, gegen Gott und die Schwester gekämpft. Was gab den Ausschlag – der Segen Gottes, die Liebe des Mannes, die Initiative der Frau?

Irene Löffler

DU MÄCHTIGE SCHIFRA,
DU STARKE PUA

Zu den hebräischen Hebammen – die eine hieß Schifra, die andere Pua – sagte der König von Ägypten: Wenn ihr den Hebräerinnen Geburtshilfe leistet, dann achtet auf das Geschlecht! Ist es ein Knabe, so laßt ihn sterben! Ist es ein Mädchen, dann kann es am Leben bleiben.

Die Hebammen aber fürchteten Gott und taten nicht, was ihnen der König von Ägypten gesagt hatte, sondern ließen die Kinder am Leben …

Gott verhalf den Hebammen zu Glück; das Volk aber vermehrte sich weiter und wurde sehr stark. Weil die Hebammen Gott fürchteten, schenkte er ihnen Kindersegen. Daher gab der Pharao seinem ganzen Volk den Befehl: Alle Knaben, die den Hebräern geboren werden, werft in den Nil! Die Mädchen dürft ihr am Leben lassen.

Exodus 1,15–22

Wie zwei Säulen steht Ihr da, den Eingang ins Leben offen haltend. Adventsgestalten seid Ihr, Zeuginnen göttlichen und gerechten Lebenswillens für alle Menschen gleich welchen Geschlechts, unbeirrbare Ermutigung menschlicher Sehnsucht nach Lebensfülle, Schlüssel zu den Toren künftigen Auszuges in die Freiheit.

Ihr handelt, laßt nicht handeln mit Euch. Fest, unbestechlich, furchtlos, eindeutig lebt Ihr Geburt gegen Tod. Eure Sache ist es, daß das Volk sich mehren kann und stark wird. Mut, Herzenslist und Klugheit setzt ihr ein, umwebt mit Sicherheit Gebärende und Kinder. Generation um Generation sorgt ihr vereint mit Euren Vorfrauen und Nachfolgerinnen dafür, daß sich immer wieder die uralten Pforten des Lebens öffnen, der Himmel in unsere Nacht fällt, Geburt um Geburt die Zeiten ihrer Erfüllung entgegen gehen.

Selbst der König ordnet sich Eurem mächtigen Lebenswillen unter, fragt Euch, wagt es nicht, Euch dem Leben abzuwerben, seiner Vernichtungsabsicht zu beugen. Die Töchter Eurer Feinde singen Wiegenlieder dem schlummernden Revolutionär im Binsenkörbchen, heimlich im Herzen von Eurer Gottesfurcht tief erfaßt.

Für einen Augenblick der Geschichte seid Ihr lebendige Ebenbilder Gottes, leuchtet Jahwes schützende, stärkende, befreiende und lebenschaffende Weisheit für viele durch Euch auf wie ein wegweisendes Licht. So überzeugend lebt Ihr Gottes Schöpferkraft, daß für einen Augenblick in dunkler Menschheitsgeschichte kein Zweifel daran bleibt: Gott will das Leben der Menschen, nicht ihren Tod. Und Eure Geschichte reiht sich ein in die Geschichten vor und nach Euch, in denen sich Menschen durch die lebenspendende Liebesmacht Gottes zur Freiheit entbinden lassen und in dieser Freiheit handeln.

MIRJAMS LIED AM GRAB DER PUA

Singen will ich Dir, Pua, und danken.
Gehüllt in den Mantel fruchtbarer Erde
verlockst Du zu mutigen Lebensträumen.

Das Werk Deiner Hände ist Entbindung
zur Revolution im Sklavenhaus,
zum Widerstand – gestern, heute, morgen.

Dein Herz schlägt an den Flußufern des Leides,
wo in Mündungen sich Fruchtwasser ergießt,
am Tränen-Nil grünende Lebensauen, immer neu.

Stark wachsen Deine Arme zu bergendem Zelt,
zu liebewarm stillender Zärtlichkeit
in der Eiszeit von Unerwünschtsein und Tod.

Dein Gesicht ahnt den kommenden Befreier,
ist klug gegen der Machthaber Bosheit gewandt,
gebeugt über Menschwerdung hundertfach.

Singen will ich Dir, Pua, und danken.
Dein Aufbruch in fruchtbarem Erdenmantel
beseelt den meinen in verheißenes Land –

unsterblich unser Atem –
ewiglebendiger Hauch Jahwes.

SCHIFRAS KINDERSEGEN

Bist Du mir Segen, Kind?
Bin ich Dir Segen?

Inmitten der Nacht
Dein unaufhaltsames Kommen,
Dein Freiheitsschrei um Eigenstand,
Dein Wimmern um Wärme und Milch,
Dein schutzloses Recht auf Heimat,
Dein grenzenloses Vertrauen –

inmitten der Nacht
mein wachsames Handeln,
mein Gesang zwischen Wehen und Todesangst,
mein Lebenswunsch Dir ins Herz gebrannt,
mein Schnitt zwischen Dir
und dem dunklen Schoß,
meine brennende Liebe gegen den Tod –

inmitten der Nacht
bist Du Segen für mich, ich Segen für Dich
in unserer Gewißheit für einen Augenblick:
Wir sind aus Gottes Schoß zum Leben geboren.

EUCH IN DEN SCHOß GEFALLEN

Das Wort
im Samenbeet Schoß
das Wort
fiel Euch in den Schoß
vielmals aus
Müttermund gesprochen
gehalten
gesegnet von Eurer Hand
einmaliges Wort
tausendmal Leben
in Eurer Hand.

Das Wort
immer das gleiche Wort
mit Eurer Hilfe
vielmals aus
Müttermund geboren
aus Wehen, Schreien, Lachen
endlich geboren
das Wort
Gott
Euch in den Schoß gefallen
in Euren Samenbeet-Schoß.

ERMUTIGUNG

Deine Stärke, mein Volk,

ist die Unbeirrbarkeit Deines Herzens,
das Vertrauen der zeugenden Väter,
der Mut der gebärenden Mütter,
die sichere Sehnsucht entrechteter Kinder,
die klugen Schritte neben Deinen Unterdrückern,
Dein Verzicht auf äußere Sicherheiten,
Dein Aufbruch in die Veränderung
und Frauen, die Geburtshilfe leisten.

Deine Heimat, mein Volk,

geschieht inmitten der Sklaverei,
in Folterkammer und Bedrängnis,
im Todeswillen der Herrscher,
ist unauslöschliches Herzens-Ereignis
im Schoß der Mütter,
in der Wiege aus Menschenarmen,
in der Entbindung zum Selbst,
an den Nahtstellen von Tod und Leben.

Dein Leben, mein Volk,

aus meiner innersten Liebeskraft gezeugt,
gebäre ich von Himmel zu Himmel,
schütze es wie eine Hebamme.
Dein Leben, mein Volk,
ist gleich dem meinen,
in das Samenbeet Deines Schoßes gebettet,
aus dem Muttermund Deines Gottes gesprochen,
mein Liebeswort in Deiner Mitte.

Ulla Grysar

NICHT MEHR
JIFTACHS TOCHTER

Jiftach legte dem Herrn ein Gelübde ab und sagte: Wenn du die Ammoniter wirklich in meine Gewalt gibst und wenn ich wohlbehalten von den Ammonitern zurückkehre, dann soll, was immer mir als erstes aus der Tür meines Hauses entgegenkommt, dem Herrn gehören, und ich will es ihm als Brandopfer darbringen. Darauf zog Jiftach gegen die Ammoniter in den Kampf, und der Herr gab sie in seine Gewalt. Als Jiftach nun nach Mizpa zu seinem Haus zurückkehrte, da kam ihm seine Tochter entgegen; sie tanzte zur Pauke. Sie war sein einziges Kind; er hatte weder einen Sohn noch eine andere Tochter. Als er sie sah, zerriß er seine Kleider und sagte: Weh, meine Tochter! Du machst mich niedergeschlagen und stürzt mich ins Unglück. Ich habe dem Herrn mit eigenem Mund etwas versprochen und kann nun nicht mehr zurück. Sie erwiderte ihm: Mein Vater, wenn du dem Herrn mit eigenem Mund etwas versprochen hast, dann tu mit mir, was du versprochen hast, nachdem dir der Herr Rache an deinen Feinden, den Ammonitern, verschafft hat. Und sie sagte zu ihrem Vater: Nur das eine möge mir gewährt werden: Laß mir noch zwei Monate Zeit, damit ich in die Berge gehe und zusammen mit meinen Freundinnen meine Jugend beweine. Er entgegnete: Geh nur!, und ließ sie für zwei Monate fort. Sie aber ging mit ihren Freundinnen hin und beweinte ihre Jugend in den Bergen. Als zwei Monate zu Ende waren, kehrte sie zu ihrem Vater zurück, und er tat mit ihr, was er gelobt hatte.

Richter 11,30–39

Das Verweilen in den Bergen – der Traum:
Du bist Ja'ala, die Tochter deiner Mutter Ketura
und deines Vaters Jiftach

Ja'ala ist nur noch kurze Zeit – zusammen mit den Freundinnen – in den Bergen, um ihren frühen Tod zu beklagen.

Jiftachs Tochter: Sehr kalt wird die Nacht nicht. Ich bleibe draußen, ein paar Felle genügen. Ich will noch soviel Himmel sehen wie möglich, bevor die Schwärze kommt. Ich kämpfe gegen den Schlaf, er wird noch zu lange andauern, jede Nacht ist es so. Immer wieder kommen diese Bilder vom Vater, wie er weint und schreit und sein Schicksal beklagt. Sein Schicksal – mein Schicksal? Und ich höre mich sagen und stehe daneben: »Vater, tue an mir, was du unserem Gott gelobt hast«. Jiftachs Tochter hat dies gesagt. Es sind erlernte Worte, so wie ich meine Kinderverse noch heute sagen kann, aber das Frohe, das fehlt.

Ja'ala schläft ein.

Iphigenie: Ja'ala hörst du mich, ich bin es.

Ja'ala: Wer bist du, so jung wie ich? Ich kenne dich nicht, auch nicht aus den Tagen der Kindheit.

Iphigenie: Ich bin Iphigenie und war viele Jahre Priesterin auf Tauris. Ich diente dort der Göttin Diana. Mein Vater Agamemnon, auch er wollte mich ihr opfern, weil ihm der Wind fehlte, um mit seiner Kriegsflotte in See zu stechen. Du siehst, ich kenne dein Leid, aber ich kenne auch deine Gedanken, die den meinen nicht mehr gleichen.

Ja'ala: Du kennst nicht nur mein Leid, du kennst auch meinen Namen! Aber sag mir, wie konntest du dem Opfer entgehen, das dein Vater der Göttin versprach? Wie konnte er dem Zorn der Göttin entfliehen und wieso hast du ihr gedient?

Iphigenie: Die Göttin hat nie gezürnt und niemals ein menschliches Opfer gefordert. Es war anders: sie hat mich zum Schutz in eine Wolke eingehüllt und vor dem opferwilligen Vater gerettet. Dafür tat ich ihr lange den Priesterinnendienst auf Tauris und konnte auf Dauer diesen grausamen Brauch des Menschenopfers verhindern.

Ja'ala: Ich wundere mich über deine Worte und dein Denken, so kühn und frei, das spüre ich; nur – mein Gott ist anders, er würde den Vater vernichten, wenn er sein Gelöbnis nicht erfüllte.

Iphigenie: Agamemnon und Jiftach sind sich sehr ähnlich. Alles haben sie getan, um Ruhm und Ehre zu erlangen, und dafür opfern sie sogar ihre Töchter. Ich bitte dich, glaube nicht, daß es irgendeinen Gott gibt, der uns erst das Leben schenkt und uns dann vernichtet. Es sind nicht die Götter, die das Opfer wollen; es sind die Menschen, unsere Väter. Weißt du, daß der Vater dich hätte auslösen können? Euer Gesetz läßt diesen Weg zu. Auch der Priester hat ihm einen Ausweg gezeigt: seinen Namen hätte er ändern müssen.

Ja'ala: Niemals würde der Vater seinen von allen gepriesenen Namen ändern

Iphigenie: Das denke ich auch. Kein Jiftach und kein Agamemnon tut das. Lieber opfern sie andere, ihre Töchter.

Ja'ala: Weißt du, in welch großes Leid du mich stürzt? Du machst mir den Vater fremd, den ich so liebe, und zeigst mir sein Gesicht in furchtbaren Zügen. Und doch spüre ich, daß es wahr ist. Ich habe dir nicht erzählt, daß meine Mutter Ketura nach all dem geflohen ist, vor ihm, dem Vater und vor Jahwe, den sie für grausam hält, weil er ihr Kind will. Sie wollte mich mitnehmen, aber ich wagte nicht, Jahwe zu entfliehen, weil ich seinen Fluch für uns alle fürchtete. Diese Furcht war also ohne Grund?

Iphigenie: Ich glaube, du weißt jetzt, daß nicht dein Gott grausam ist, sondern einzig dein Vater. Ich sehe wohl, daß du keine Macht hast, seinem Willen und damit dem Tod zu entfliehen, aber erkenne nun: der Wille deines Gottes und deines Vaters sind nicht eins!

Der Abstieg:
Ich bin Ja'ala, nicht mehr Jiftachs Tochter,
aber ein Kind Jahwes

Ja'ala geht den Freundinnen voraus den Berg hinunter.

Ja'ala: Ich weiß, daß ich sterben muß, denn es ist nicht die Zeit, daß Männer auf Frauenworte hören. Ich werde weder beim Vater noch beim Priester Gehör finden, auch wenn ich ihnen durch meinen Traum die Wahrheit sagen kann und es tun will. Ich habe keine Macht. Meine Worte werden das, was mein Vater vorhat, niemals ändern. Er wird mich töten, er, der eitle Kriegsherr. Er wird mich sich selbst und seiner unendlichen Ruhmsucht opfern, aber nicht Jahwe, der mich liebt, das erkenne ich nun deutlich. Jiftach ist nicht mehr mein Vater und ich bin nicht mehr seine Tochter. Ich bin Ja'ala, ein Kind Israels, eine Tochter Jahwes, der mir Gutes will.

Verena Wodtke-Werner

DEIN GOTT IST MEIN GOTT

Da brach Noomi mit ihren Schwiegertöchtern auf, um aus dem Grünland Moabs heimzukehren; denn sie hatte dort gehört, der Herr habe sich seines Volkes angenommen und ihm Brot gegeben. Sie verließ zusammen mit ihren beiden Schwiegertöchtern den Ort, wo sie sich aufgehalten hatte. Als sie nun auf dem Heimweg in das Land Juda waren, sagte Noomi zu ihren Schwiegertöchtern: Kehrt doch beide heim zu euren Müttern! Der Herr erweise euch Liebe, wie ihr sie den Toten und mir erwiesen habt. Der Herr lasse jede von euch Geborgenheit finden bei einem Gatten. Damit küßte sie beide zum Abschied; doch Orpa und Rut begannen laut zu weinen und sagten zu ihr: Nein, wir wollen mit dir zu deinem Volk gehen. Noomi sagte: Kehrt doch um, meine Töchter! Warum wollt ihr mit mir ziehen? Habe ich etwa in meinem Leib noch Söhne, die eure Männer werden könnten? Kehrt um, meine Töchter, und geht; denn ich bin zu alt, noch einem Mann zu gehören. Selbst wenn ich dächte, ich habe noch Hoffnung, ja, wenn ich noch diese Nacht einem Mann gehörte und gar Söhne bekäme: Wolltet ihr warten, bis sie erwachsen sind? Wolltet ihr euch so lange abschließen und ohne einen Mann leben? Nein, meine Töchter! Mir täte es bitter leid um euch; denn mich hat die Hand des Herrn getroffen. Da weinten sie noch lauter. Doch dann gab Orpa ihrer Schwiegermutter den Abschiedskuß, während Rut nicht von ihr ließ. Noomi sagte: Du siehst, deine Schwägerin kehrt heim zu ihrem Volk und zu ihrem Gott. Folge ihr doch! Rut antwortete: Dränge mich nicht, dich zu verlassen und umzukehren. Wohin du gehst, dahin gehe auch ich, und wo du bleibst, da bleibe auch ich. Dein Volk ist mein Volk, und dein Gott ist mein Gott. Wo du stirbst, da sterbe auch ich, da will ich begraben sein. Der Herr soll mir dies und das antun – nur der Tod wird mich von dir scheiden.

Rut 1,6–17

Wegen einer Hungersnot waren sie, Elimelech und Noomi, aus Betlehem in die Fremde, in das Moabiterland ausgezogen. Ihre Söhne heirateten, entgegen den damaligen Ehegesetzen, die moabitischen Frauen Orpa und Rut. Bald darauf starben Elimelech und seine beiden Söhne. Die leidvolle Familiengeschichte wirkt nahezu wie eine Vorgeschichte zu dem Weg der Frauen, der in unserem Text beschrieben ist und der für mich zu den bewegendsten Glaubensgeschichten gehört.

Die Witwe Noomi beschließt, in ihre Heimat Betlehem zurückzukehren. Die drei Frauen sind bereits auf dem Weg, als Noomi ihre Schwiegertöchter auffordert, zu ihren Müttern heimzukehren. Die an Jahren und an Leid alt gewordene Frau klingt, als wolle sie sagen: »Ich gehe heim, um in Frieden zu sterben.« Das Leben liegt hinter ihr und sie kann den Frauen nicht mehr zu einer sicheren Zukunft verhelfen. Orpa verläßt sie unter Tränen und kehrt heim. Rut aber will sich nicht wegschicken lassen, obgleich doch

alles so einsichtig klingt: Noomi weist ihr den Weg in eine jedenfalls potentiell sicherere Lebenssituation als die jetzige: die Chance, in ihre Heimat zurückzukehren, dort einen Mann zu finden und neu beginnen zu können. In ihrer Heimat kennt sie sich aus; dort kann sie vergessen und in vertrauter Umgebung einen Neubeginn schaffen.

Rut entscheidet sich anders. Sie wählt den Weg ins Ungewisse. Einen Weg, von dem sie nicht weiß, was auf sie zukommt – als Fremde, fern ihrer Heimat. Sie bleibt bei ihrer Schwiegermutter und bestätigt ihre Entscheidung mit bewegenden Worten: Wohin du gehst, dahin gehe auch ich, wo du stirbst, da sterbe auch ich. Dein Volk ist mein Volk. Dein Gott ist mein Gott.

Gott ist kein Gott der Wenigen, er ist nicht einzig der Gott der Juden, der Christen oder der Muslime und ihrer jeweiligen Theologie. Er ist der Gott, der niemanden ausschließt, für den es niemanden gibt, der vergessen und verloren ist. Und so kann dieser Gott des Volkes Israel nicht Gegner eines anderen Volkes sein. Die moabitische Heidin findet nicht über gelehrige Worte oder irgendeine Theologie zum Gott Israels, sondern über die unmittelbare menschliche Begegnung. Die Situation der Entscheidung auf einem schweren Weg wird gleichsam zum Ort der Offenbarung. Treue und Liebe werden uns vorgestellt als Grund und Maß des Glaubens an Gott.

Wie oft ist unter Menschen, bis heute, im Namen Gottes Entzweiung, Krieg und Gewalt gekommen. Wie oft ist Gott ins Feld geführt worden, um Recht zu behalten, um Sicherheit zu schaffen, um Klarheit zu finden – um zu trennen, was und wer zu einem Volk und seinem Gott gehört und wer nicht. Bei Rut ist das ganz und gar anders: Dein Volk ist mein Volk und dein Gott ist mein Gott. Da erscheint Gott als Ende und Ziel eines Weges, der nur gegangen werden kann in der Gemeinschaft der Liebe. Die Liebe wird zum Weg des Glaubens.

Rut stellt uns einen Glauben vor, der provoziert, der die verunsichert, die Gott als ihr Eigen zu wissen glauben, und der tröstlich ist für jene, die Gott suchen. Rut spricht von einem Gott, der sich in allen Völkern finden läßt, der sich offenbart in der Verbundenheit mit den Geringsten, in menschlicher Treue als Verläßlichkeit ohne Wenn und Aber – da, wo alles ungewiß ist und alle Sicherheit verloren scheint. Dein Gott ist mein Gott – gegen alle Sicherheit, um der Liebe willen.

Was soll daraus werden? Rut trägt nichts in Händen, das ihr Vertrauen erklärt. Sie hat keine Erfahrungen, nicht einmal eine Ahnung vom Gott des Volkes Israel. Sie sichert sich nicht ab mit Fragen nach Details. Die Klarheit und Entschiedenheit ihrer Worte machen deutlich: sie braucht diese Sicherheiten nicht. Das ist so anders als in den vielen Geschichten, die im Lauf der Jahrtausende geschrieben wurden und bis heute erlebt werden können: Wie sehr machen uns die Situationen der Ungewißheit und tiefen Verunsicherung angst? Je mehr Sicherheiten für uns verloren gehen – als einzelne, als Gemeinschaft der Christinnen und Christen –, um so mehr setzen wir unsere Hoffnung auf neue Sicherheiten und schaffen dabei nicht selten Ausgrenzungen. Wir beschreiben, was jemand wissen und tun muß, um zu uns zu gehören, und spüren kaum noch die Gottessehnsucht um uns herum.

Anders in Ruts Geschichte: Da bleibt die eine bei der anderen und sagt: Dein Gott ist mein Gott. Ruts Glaubensgeschichte ist geeignet, uns die Angst zu nehmen vor mancher Ungewißheit – auf dem eigenen Lebensweg, in unserer Kirche und in einer Welt, die ihre Friedlosigkeit noch längst nicht verloren hat. Rut wirkt so souverän in ihrer Ungewißheit. Sie ist es, weil sie zwar nicht weiß, was auf sie zukommt, aber sehr wohl in ihrem Herzen weiß, wer sie ist. In dieser Geschichte der Rut obsiegt die menschliche Treue gegen alle Sicherheit. Die Liebe lehrt sie, wer Gott ist. Und das wird möglich, weil sie eine Frau ist, die weiß, wer sie ist.

Annette Schavan

HANNA STEHT AUF

Einst lebte ein Mann aus Ramatajim, ein
Zufiter vom Gebirge Efraim. Er hieß Elkana. Er hatte zwei Frauen. Die eine hieß
Hanna, die andere hieß Peninna. Peninna
hatte Kinder, Hanna aber hatte keine Kinder. Dieser Mann zog Jahr für Jahr nach
Schilo hinauf, um den Herrn der Heere anzubeten und ihm zu opfern.

An dem Tag, an dem Elkana das Opfer
darbrachte, gab er seiner Frau Peninna und
all ihren Söhnen und Töchtern ihre Anteile.
Hanna gab er *einen Anteil, aber einen besonderen;* denn er hatte Hanna lieb, obwohl der
Herr ihren Schoß verschlossen hatte. Ihre
Rivalin aber *reizte sie noch dazu bis ins Innerste
ihrer Seele, daß sie sich laut beklagte,* weil der
Herr ihren Schoß verschlossen hatte.

So machte es Elkana Jahr für Jahr. Sooft sie
zum Haus des Herrn hinaufzogen, kränkte
Peninna sie; und Hanna weinte und aß
nichts. Ihr Mann Elkana fragte sie: Hanna,
warum weinst du, warum ißt du nichts,

warum ist dein Herz betrübt? Bin ich dir nicht viel mehr wert als zehn Söhne?

Nachdem man in Schilo gegessen und getrunken hatte, stand Hanna auf und trat vor den Herrn. Der Priester Eli saß an den Türpfosten des Tempels des Herrn auf seinem Stuhl. Hanna war verzweifelt, betete zum Herrn und weinte sehr. Sie machte ein Gelübde und sagte: Herr der Heere, wenn du das Elend deiner Magd wirklich ansiehst, wenn du an mich denkst und deine Magd nicht vergißt und deiner Magd einen männlichen Nachkommen schenkst, dann will ich ihn für sein ganzes Leben dem Herrn überlassen; kein Schermesser soll an sein Haupt kommen. So betete sie lange vor dem Herrn. Eli beobachtete ihren Mund; denn Hanna redete nur still vor sich hin, ihre Lippen bewegten sich, doch ihre Stimme war nicht zu hören.

Eli hielt sie deshalb für betrunken und sagte zu ihr: Wie lange willst du dich noch wie eine Betrunkene aufführen? Sieh zu, daß du deinen Weinrausch los wirst! Hanna gab zur Antwort: Nein, Herr, ich bin eine unglückliche Frau. Ich habe weder Wein getrunken noch Bier; ich habe nur dem Herrn mein Herz ausgeschüttet. Halte deine Magd nicht für eine nichtsnutzige Frau; denn nur *aus Klage und innerer Aufruhr* habe ich so lange geredet. Eli erwiderte und sagte: Geh in Frieden! Der Gott Israels wird dir die Bitte erfüllen, die du an ihn gerichtet hast. Sie sagte: Möge deine Magd Gnade finden vor deinen Augen. Dann ging sie weg; sie aß wieder und hatte kein trauriges Gesicht mehr.

Am nächsten Morgen standen sie früh auf und beteten den Herrn an. Dann machten sie sich auf den Heimweg und kehrten in ihr Haus nach Rama zurück. Elkana erkannte seine Frau Hanna; der Herr dachte an sie, und Hanna wurde schwanger. Als die Zeit abgelaufen war, gebar sie einen Sohn und nannte ihn Samuel, denn sie sagte: Ich habe ihn vom Herrn erbeten.

1 Samuel 1,1–20

Wie durch das Auge einer Kamera sehen wir eine Familie im Alten Israel: einen Mann mit zwei Frauen und Kindern, die ihre alljährliche Wallfahrt nach Schilo unternehmen. In Schilo war zur Richterzeit das zentrale Heiligtum; dort stand die Lade Jahwes, und hierher kamen die Menschen, um ihn anzubeten und um ihm zu opfern.

Der Sitte gemäß bringt auch unser Familienvater das rituelle Opfer dar. Doch es ist kein fröhliches Fest, das gefeiert wird. Bei näherem Hinsehen offenbart die Verteilung der Opferstücke die ganze Tragik der Familienkonstellation. Was als rührende Geste der Zuneigung des Ehemannes, Elkana, gemeint ist, hat eine genau entgegengesetzte Wirkung, denn das besondere Stück für Hanna entfacht die Konkurrenz zwischen den beiden Frauen stets aufs neue. Peninna besitzt zwar durch ihre Söhne soziale Anerkennung, doch muß sie eifersüchtig mitansehen, daß das Herz ihres Mannes der anderen gehört. Hanna, der Kinderlosen, stellt das Ritual am heiligen Ort den wundesten Punkt ihrer

Seele alle Jahre wieder buchstäblich vor Augen und schnürt ihr die Kehle zu.

Keine der beiden Frauen kann der anderen die Hand reichen und so ihren Schmerz lindern. Vielmehr ist Peninna im Buhlen um Liebe, bei der Vergeltung der eigenen narzißtischen Kränkung, jedes Mittel recht. Eine spätere erzählende Tradition gestaltet das Eifersuchtsdrama sogar noch weiter aus. Da sagt Peninna: »Was nützt es dir, daß dich dein Mann Elkana liebt? Du bist doch ein trockenes Holz! Ich weiß vielmehr, daß er mich lieben wird, denn er ergötzt sich beim Anblick meiner Söhne ... Findet sich bei Frauen keine Leibesfrucht, dann ist die Liebe wertlos.« Die Waffe der Gesellschaft wird umgelenkt auf die Rivalin.

Und Hanna? Jahrelang schweigt sie, weint, verweigert ihrem Körper, diesem unfruchtbaren Leib, seine Nahrung. Keine Spur von Widerstand gegen den Hohn und Spott der Konkurrentin. Bis zu dem Tag, den wir vor Augen haben. »Hanna, warum bist du so traurig? Bin ich dir nicht mehr wert als zehn Söhne?« Elkana steht rührend-hilflos neben seiner weinenden Frau; seine Worte gehen zu Herzen. Sie scheinen Hanna aus ihrer Lähmung zu reißen und wie eine Lösungsformel zu wirken. Ein Ruck geht durch ihren Körper. Sie steht auf, durchbricht damit den fatalen Kreislauf von Neid, Kränkung, Not und Hilflosigkeit, und geht zum Heiligtum. Die Liebe Elkanas, die quer steht zu den patriarchalen Strukturen der Gesellschaft, mag den Anstoß dazu gegeben haben; aufmachen muß sich Hanna allein.

Vor Gott aber steht ein Türhüter. Hanna jedoch fragt nicht lange, sondern läßt sich durch den Argwohn des Establishments den Eintritt nicht verwehren. Hannas Alleingang ist kein Gepolter, sondern zunächst innere Zwiesprache mit Gott. Erst später wird sie ihr Lied laut singen und damit in der jüdischen Tradition einen Platz unter den sieben Prophetinnen einnehmen, neben Sara, Mirjam, Debora, Abigajil, Hulda und Ester. Was sie hier tut, ist dennoch eine Ungeheuerlichkeit: Sie legt in eigener Verantwortung ein Gelübde ab, für das sie die Erlaubnis ihres Mannes hätte einholen müssen, denn er hätte das Recht gehabt, Einspruch zu erheben (vgl. Num 30,2–16).

Ihr Mut, Gott einen Handel vorzuschlagen, steht jedoch in merkwürdigem Gegensatz zu dem unterwürfigen Verhalten, mit dem sie anschließend dem Priester Eli begegnet. Warum muß Eli ihr noch versichern, daß ihre Bitte erfüllt wird? Zweifelt sie an Gott, so daß es dieser Versicherung durch einen Menschen bedarf? Darüber schweigt der Text. Ich würde sie das gerne fragen, diese jüdische Frau aus einer anderen Zeit und aus einer anderen Gesellschaft, könnte ich ihr heute begegnen und könnten wir eine gemeinsame Sprache finden.

Auch würde ich von ihr gerne wissen, ob ihre Herausforderung Gottes nicht letztlich doch nur eine Form der Kapitulation war, weil sie nur darauf zielte, endlich den gesellschaftlichen Erwartungen zu genügen: »Was wolltest du mit diesem Kind, als du Gott an-

botest: Sobald es seine Funktion erfüllt hat –
mir zur Mutterschaft und damit zu sozialem
Ansehen zu verhelfen – kannst du es zurück-
haben? In welche Rolle kommt da Gott?«

Zugleich würde ich Hanna sagen: »Es ist
großartig, daß du den Mut hast, um die Entfaltung deiner Persönlichkeit zu kämpfen. Es
ist gut und ermutigend zu sehen, wie du den
Alleingang mit Gott gewagt hast: uner-
schrocken, leidenschaftlich, auf deine Art.
Daß du dich dabei von institutionellen Au-
toritäten nicht hast abschrecken lassen. Dennoch kann ich nicht verhehlen, daß ich
erleichtert bin, nicht mehr unter deinem
Zwang zu stehen, Kinder und vor allem
Söhne gebären zu müssen.« Vielleicht aber
würde Hanna mir genau an dieser Stelle hef-
tig ins Wort fallen: »Sieh doch einmal genau
hin! Natürlich haben sich die gesellschaftlichen Bedingungen und Erwartungen geän-
dert. Aber wenn es bei euch doch (angeblich)
so viele andere Lebensmöglichkeiten gibt,
warum leiden dann so viele Frauen und
Paare so entsetzlich unter ihrer Kinderlosig-

keit? Und ist der Druck auf Frauen wirklich geringer geworden, wenn es nicht mehr nur darum geht, überhaupt ein Kind zu bekommen, sondern dies zunehmend noch bestimmten Qualitätsstandards genügen muß? Was bedeutet es, wenn der Platz für Kinder erst nach beruflicher Karriere frei ist?«

»Die Frage nach Gott«, so könnte Hanna fortfahren, »ist sicher der schwierigste Punkt. Über ihn müßten wir länger reden, gerade weil in deinem Jahrhundert das Schweigen Gottes angesichts großer Katastrophen eine so große Rolle spielt. Eigentlich ist da doch schon die Zwiesprache mit Gott eine Provokation, nicht erst der Inhalt der Rede, oder?«

Dagmar Mensink

FURCHTERREGEND UND
MÜTTERLICH ZUGLEICH

Die Frau ging zu Saul hin und sah, daß er ganz verstört war; sie sagte zu ihm: Deine Magd hat auf deine Stimme gehört; ich habe mein Leben aufs Spiel gesetzt, als ich auf das hörte, was du zu mir gesagt hast. Jetzt aber höre auch du auf die Stimme deiner Magd! Ich will dir ein Stück Brot zum Essen geben. Dann wirst du wieder zu Kräften kommen und kannst deines Weges gehen. Er aber weigerte sich und sagte: Ich esse nichts. Doch seine Diener und die Frau drängten ihn, bis er auf ihre Stimme hörte. Er erhob sich vom Boden und setzte sich aufs Bett. Die Frau hatte ein Mastkalb im Haus. Sie schlachtete es in aller Eile, nahm Mehl, knetete Teig und backte ungesäuerte Brote. Das alles setzte sie Saul und seinen Knechten vor; sie aßen, standen auf und gingen noch in der gleichen Nacht zurück.

1 Samuel 28,21–25

Man nennt sie die Hexe von En–Dor. »Hexe«, das klingt furchterregend oder auch märchenhaft. Auf alle Fälle eine Frau mit besonderen Gaben. Genauer gesagt: Sie ist eine Totenbeschwörerin. Im Ernst?

Diese Frau lebt zur Zeit von König Saul, jenem glücklosen König in Israel. Die Szene, von der unser Text berichtet (1 Sam 28,13–25) trägt sich zu, als Sauls Schicksal schon besiegelt ist. Gott hat ihm seine Führungsschwäche nicht verziehen. Er gilt zwar noch als König, doch er ist von allen guten Geistern verlassen. Gott hat ihn bereits verworfen. Es steht schon ein anderer auf dem Plan. David ist bereit, das Heft in die Hand zu nehmen. Die Feinde sind im Anmarsch. Was soll Saul tun? Samuel, der letzte Richter, ist tot. Sein Rat steht also dem verzweifelten König nicht mehr zur Verfügung. Und Gott bleibt stumm. Wer soll den einsam gewordenen König beraten?

Soll er vielleicht zu Wahrsagern gehen? Das ist nicht so einfach. Saul hat alle Wahrsager, vor allem die Totenbeschwörer, im ganzen Land verfolgen lassen. Gab es nirgendwo mehr einen Menschen mit solchen Gaben?

Da berichtet man dem König, in En-Dor halte sich eine Frau verborgen, die Macht habe über die Totengeister. Zu ihr also geht der König – verkleidet –, daß sie ihm wahrsage. Trotz aller Verkleidung aber – die Frau von En-Dor, sie erkennt den König und fürchtet sich. Wird er sie bestrafen? Doch nichts dergleichen! Saul beharrt vielmehr auf seinem Wunsch, verspricht Straffreiheit, und die Frau bringt ihm Samuels Geist herbei. Und was kündet der dem von den Philistern bedrohten König? Er sagt ihm und seinen Söhnen Niederlage und Tod voraus: »Gott hat dich verlassen, er ist dir zum Feind geworden.« Da stürzt Saul zu Boden, entsetzt und ganz von Kraft.

Damit könnte die Geschichte zu Ende sein. Das Schicksal des Königs ist besiegelt; es wird nur noch Stunden dauern, bis ihn und seine Söhne der Tod ereilt. Die Totenbeschwörerin hat ihren Auftrag erfüllt. Sie kann sich zurückziehen – aber tut sie das auch?

Was ist das für eine Frau? Hat sie dämonische Züge an sich? Was wird sie tun? Nimmt sie wahr, wie entkräftet der König ist? Interessiert sie sich überhaupt dafür?

Die Frau sieht sehr wohl, was jetzt notwendig ist. Hat sie bislang dem König gehorcht und getan, was er wollte, so soll der König jetzt ihr gehorchen. Sie überredet ihn, etwas zu essen; also schlachtet sie das Mastkalb und backt Brot. Obwohl sie eine Begabung hat, mit der zu leben gewiß nicht leicht ist – eine Begabung fern aller greifbaren Realitäten – hat sie das rechte Augenmaß für die Alltäglichkeiten nicht verloren. Sie kann zwar das Vohergesagte nicht ändern, aber ihre Nüchternheit und ihre Fürsorge sind deswegen nicht ausgeschaltet. Also bringt sie den verzweifelten Saul dazu, daß er etwas ißt: »Damit du bei Kräften bleibst, wenn du deine Straße ziehst.« Sie weiß, was für eine Straße das sein wird, und niemand kann es dem König abnehmen, sie zu gehen. Doch die Frau übergibt ihn nicht vorschnell dem Tod. Auch wenn sie die machtlose Zeugin war, die dem König die Augen geöffnet hat, so tut sie doch, was Aufgabe einer Gastgeberin ist: Sie stärkt den Gast für seinen schweren Gang.

Der mütterliche Realismus dieser furchterregenden Frau hat tragische Züge und ist faszinierend zugleich.

Gabriele Miller

BATSEBA – SPIELBALL DER MACHT

Adonija, der Sohn der Haggit, begab sich zu Batseba, der Mutter Salomos. Sie fragte ihn: Kommst du in friedlicher Absicht? Er antwortete: Ja.

Da begann er: Rede doch mit König Salomo; dich wird er nicht abweisen. Bitte ihn, daß er mir Abischag aus Schunem zur Frau gibt. Batseba erwiderte: Gut, ich werde in deiner Angelegenheit mit dem König reden. Als nun Batseba zu König Salomo kam, um mit ihm wegen Adonija zu sprechen, erhob sich der König, ging ihr entgegen und verneigte sich vor ihr. Dann setzte er sich auf seinen Thron und ließ auch für die Königinmutter einen Thron hinstellen. Sie setzte sich an seine rechte Seite und begann: Eine einzige kleine Bitte hätte ich an dich. Weise mich nicht ab! Der König antwortete ihr: Sprich sie nur aus, Mutter! Ich werde dich nicht abweisen. Da bat sie: Man gebe doch Abischag aus Schunem deinem Bruder Adonija zur Frau. Der König Salomo entgegnete seiner Mutter: Warum bittest du für Adonija um Abischag aus Schunem? Fordere doch gleich das Königtum für ihn! Er ist ja mein älterer Bruder, und auf seiner Seite stehen der Priester Abjatar und Joab, der Sohn der Zeruja. Und König Salomo schwor beim Herrn: Gott soll mir dies und das antun, wenn dieses Ansinnen Adonija nicht das Leben kostet. So wahr der Herr lebt, der mich eingesetzt und auf den Thron meines Vaters David erhoben hat und der mir, wie er versprochen hat, ein Haus gebaut hat: Noch heute muß Adonija sterben. Darauf schickte König Salomo Benaja, den Sohn Jojadas, hinauf, und dieser versetzte Adonija den Todesstoß.

1 Könige 2,13.17–25

Ich warne Sie: Sehr fromm wird diese Betrachtung nicht. Das würde wohl auch kaum zu dieser zwielichtigen Gestalt Batseba passen …

Wie ist diese Frau zu fassen? Ist sie Werkzeug der Intrigen anderer, gefügig den Weisungen des intriganten Propheten Natan, Opfer der Begehrlichkeit des mächtigen David oder ist sie die Listenreiche, die solche Intrigen nutzt, sie gar anstiftet auf dem Weg zur Macht? Das kann wohl nicht eindeutig beantwortet werden, und so wird unsere Betrachtung letztlich zum Nachdenken über die oft unauflösliche Verbindung von Macht und Ohnmacht führen, vielleicht gar die Machtlosigkeit der Mächtigen und die Macht der Machtlosen aufdecken.

Für mich gibt es einen einzigen bewegend menschlichen Satz im Buch Samuel: »Und David tröstete seine Frau Batseba« (2 Sam 12,24). In all dem Geschehen, das dem vorausging, ist von ihren Gefühlen, ihrer Einstellung nie die Rede. Ich weiß nicht, ob David sie zufällig badend erblickte oder ob sie das geschickt arrangiert hat. Daß sie David sogleich über ihre Schwangerschaft unterrichtete, läßt mich nach ihren Ängsten fragen. Ihr Mann Urija im Feld, und sie ist schwanger. Und dann kommt er, von David eilends bewirkt, auf »Heimaturlaub«, betritt aber, ganz den Erfordernissen eines »Heiligen Krieges« folgend, sein Haus nicht. Ihn als Vater des Kindes auszuweisen, mißlingt. Und Batseba kann es doch nicht verborgen geblieben sein, daß das »Himmelfahrtskommando«, durch das Urija fällt, kein reiner Zufall war. Der für den Tod ihres Mannes Verantwortliche heiratet sie. Als der Prophet Natan David ins Gewissen redet, geht es nur um das, was Urija verloren hat: Batseba ist das einzige Lämmchen des Armen. Und als dann das Kind, das »die Frucht der Sünde« ist, von Jahwe mit Krankheit geschlagen wird, ist es David, der weint und fastet; von ihr kein Wort. Nach dem Tod des Kindes, da blitzt einmal ihr Fühlen, ihr Leben auf: David tröstet Batseba. Kern des Trostes ist, daß er zu ihr geht, ihr beiwohnt und sie erneut ein Kind empfängt, eben Salomo. War es ihr

Ziel, Davids Frau und Königinmutter zu werden? Oder paßt sie einfach zu David: Wie er kann auch sie mit Abgründen leben …

Batsebas Geschichte ist keine Liebesgeschichte im Boulevardzeitungsstil, nicht einmal eine Frauenbiographie. Sie ist ganz eingeordnet in die Botschaft, daß Israels Gott der Gott der Geschichte ist, daß er *im* Wechselspiel der Krafte und Menschen wirkt, nicht neben oder über ihnen. Die Herrschaft ist fest in die Hand Salomos gekommen, das ist die Zielaussage. Der Erwerb dieser Herrschaft gelang auf ziemlich krummen Wegen, durch handfeste Hofintrige, vom Propheten Natan gesteuert, von Batseba mitvollzogen. Wissend, wollend oder als Werkzeug? Das ist für die Autoren und Redakteure unserer Texte kein Thema. Ihnen ist das Zeugnis wichtig, daß Gott gerade schreibt auch auf krummen Zeilen. Die »krummen Stücke« im Wechselspiel der Kräfte sind unerläßlicher Teil der Heilsgeschichte Israels. Und Batseba gehört dazu. Als Teil der Kräftespiele tritt sie aus der Anonymität als Frau heraus. Das ist ungewöhnlich. Batseba, eine Frau, die Macht hat … Wirklich? Am deutlichsten wird diese Spannung, als sie sich der Bitte des im Kampf unterlegenen Adonija, einem Stiefbruder und Gegenspieler von Salomo, die schöne Abischag aus Schunem heiraten zu dürfen, nicht verschließt. Die Bitte ist erfüllbar, denn David hatte Abischag nicht »erkannt«, sie gehörte also nicht zum Harem, sondern zum Hofgesinde, war damit »zu vergeben«. Batseba begegnet dem Bittenden hoheitsvoll, und er sagt: »Dich wird er nicht abweisen.« Sie hat also eine besondere Position, und gewiß nicht nur, weil bei den judäischen Königen die Mütter immer erwähnt werden. Hier ist mehr! Aus dem Verhalten ihres Sohnes Salomo darf ich auf eine besondere Machtstellung schließen.

Der neue König erhebt sich, geht ihr entgegen, verneigt sich, gibt ihr einen Platz auf einem Thron neben dem seinen. Teilhabe an der Macht? Doch ihre Bitte wird fast höhnisch abgewiesen, und Adonija wird noch an diesem Tag getötet. Salomos totaler Herrschaftsanspruch, sein in den Schilderungen zwischen Großzügigkeit, berechtigter und übersteigerter Vergeltung schwankender Charakter soll gezeigt werden.

Von Batseba kein Wort mehr. Sie ist für Salomo nur die Treppe zu seinem Tor der Macht gewesen. Wie lebt sie nun? Und warum schweigt sie, als nun ihr Sohn, der ihr Ehrungen über die Gewohnheit hinaus zuteil werden läßt, die doch relativ harmlose Bitte in einer Art »Überangst« abschlägt? Er reagiert, wie totalitäre Herrscher reagieren. Es war aber doch Batseba, die mitgewirkt hat, daß nicht Adonija, sondern Salomo König wurde. Gerade sie ist doch eine unverdächtige Bittstellerin. Oder hält Salomo nicht viel von ihrer Fähigkeit, den Spuren der Macht zu folgen? Meint er, sie sei doch – wieder – nur Instrument in einer Intrige? Machtlosigkeit der Mächtigen. Gehört Spannung zwischen Macht und Ohnmacht nicht auch zu den Zeichen unserer Zeit?

Das andere Gesellschaftsgefüge im Buch der Könige, der so begrenzte Freiheitsraum der Batseba läßt mich meine Freiheitsräume und meine Bindungen neu prüfen. Wie steht es darum? Und – vor allem – wie nehme ich das Unabänderliche an? Anlaß zur Resignation oder zum Vertrauen? Batseba, Mutter und Machtvermittlerin Salomos, zwielichtig, wohl doch weniger »Opfer« als Mittäterin, vertraut mit Intrige und inszenierter Dramatik, durchaus mit Abgründen lebend, diese Batseba »landet« im Stammbaum Jesu Christi …

So kann ich auch mein Leben in die Hände dieses Gottes legen, vertrauend, daß er gerade schreibt, auch auf krummen Zeilen.

Hanna-Renate Laurien

POSE EINER SIEGERIN

Judit trat an das Lager des Holofernes und betete still: Herr, du Gott aller Macht, sieh in dieser Stunde gnädig auf das, was meine Hände zur Verherrlichung Jerusalems tun werden. Jetzt ist der Augenblick gekommen, daß du dich deines Erbbesitzes annimmst und daß ich mein Vorhaben ausführe zum Verderben der Feinde, die sich gegen uns erhoben haben. Dann ging sie zum Bettpfosten am Kopf des Holofernes und nahm von dort sein Schwert herab. Sie ging ganz nahe zu seinem Lager hin, ergriff sein Haar und sagte: Mach mich stark, Herr, du Gott Israels, am heutigen Tag! Und sie schlug zweimal mit ihrer ganzen Kraft auf seinen Nakken und hieb ihm den Kopf ab.

Judit 13,4b–8

Ich bin Judit, die »Frau aus Judäa«. Ich habe einen zwiespältigen Ruf. Von mir wissen viele Menschen oft nur, daß ich einen Mann geköpft habe. Auf Bildern stehe ich meist in prachtvollen Kleidern, in der einen Hand ein Schwert, mit der anderen greife ich in das Haar des Holofernes und zeige triumphierend seinen abgeschlagenen Kopf. Die Pose einer Siegerin. In Zeiten, wo Frauen »bescheiden, sittsam und rein« sein sollen, liege ich außerhalb der Norm.

Die Kunstgeschichte hat mir viel Ehre erwiesen. Meine blutige Tat, die mein Volk vor der Vernichtung gerettet hat, wurde mit der Erlösertat Christi verglichen. Ich wurde zu der Frau, die Israel rettete, das Pendant zu Maria, die durch Jesus der ganzen Welt die Rettung schenkte. Ich wurde zum Bildnis der Tugenden Demut und Selbstbeherrschung.

Ich war eine wohlhabende Witwe in Betulia. Seit dem frühen Tod meines Mannes, ein Hitzschlag hatte ihn bei der Feldarbeit getroffen, lebte ich bescheiden und zurückge-

zogen in meinem Haus. Neben der Organi-
sation und der Verwaltung unseres Gutes
blieb mir noch Zeit zum Nachdenken und
Beten. Dann kam Holofernes mit seinem
Heer. Er wollte meine Heimatstadt in den
Bergen erobern, um so Zugang zur Ebene
nach Jerusalem zu erlangen. Er schnitt uns
von unseren Wasserquellen ab, um uns zur
Aufgabe zu zwingen. Menschen starben vor
Durst, das Volk murrte und die Ältesten
wußten nicht mehr weiter. Als die Situation
in der Stadt unerträglich wurde, beschloß
der Stadtrat, Gott noch fünf Tage Zeit zu geben, damit er ein Wunder wirke. Wenn
nicht, werde man die Stadt dem Feind über-
geben. Ich war empört! Mein guter Ruf als
ehrbare, fromme und kluge Frau machte es
möglich, daß ich den ganzen Stadtrat zu mir
bitten konnte, um die jüngste Entscheidung
zu diskutieren: »Mit eurem Ultimatum habt
ihr euch an Gottes Stelle gesetzt. Denn ihr
schreibt ihm vor, was er zu tun hat.« – »Was
hätten wir machen sollen?« – »Alles andere,
nur das nicht. Wir haben eine Schlüsselstel-
lung. Wenn wir in Betulia uns ergeben, wird

ganz Judäa erobert. Wir verlieren alles: viele ihr Leben, alle ihr Land, ihre Selbständigkeit und das, was uns heilig ist, unseren Glauben an Gott. Den werden sie uns nehmen, genau wie unsere wirtschaftliche Unabhängigkeit, um uns kontrollieren zu können. Wir dürfen Holofernes die Stadt nicht freiwillig überlassen. Wenn wir vor Durst sterben und die Assyrer dann das Land erobern, haben wir ihnen wenigstens nicht dabei geholfen.« Die Diskussion war sinnlos. Es war schon zu spät, sie hatten entschieden: »Das Volk hat uns gezwungen. Wir haben es versprochen, daß wir in fünf Tagen aufgeben, wenn kein Wunder geschieht. Du bist eine fromme Frau, vielleicht hilft dein Beten.«

Ich war enttäuscht, und ich war wütend. Sie trauten Gott nicht wirklich. Sie redeten mit ihm wie mit einem Handelspartner: »Ich gebe dir, dann gibst du mir!« Die Beziehung zu Gott, so wie ich sie verstand, war keine Handelsbeziehung zum gegenseitigen Nutzen. »Gott ist nutzlos«, hatte einmal jemand zu mir gesagt. Erst war ich bestürzt, wie ein gläubiger Mensch so etwas sagen konnte. Dann habe ich verstanden und suchte die Beziehung zu Gott nicht mehr, weil mir das nützte, sondern weil ich Gott kennenlernen wollte. Und diese Begegnung veränderte mich. Ich begann die Welt anders zu sehen, mit mehr Abstand, mit liebevollerem Blick. Und auch jetzt, als die Assyrer uns belagerten, war es mein Beten, das mir Weitblick und Durchblick ermöglicht hatte. Und es hatte mir eine große Verantwortung aufgeladen. Denn ich hatte erkannt, daß ich ins Lager der Assyrer gehen mußte, um mein Volk zu retten. »Gott wird euch helfen«, sagte ich und verabschiedete den Stadtrat.

Dann ging ich, um zu beten. So wie immer in schweren Zeiten, bei Krieg, Hunger und Seuchen Menschen in ihre Tempel oder Kirchen gingen, um mit Gott zu reden. Im Gebet fragte ich mich nach den Motiven für meinen Plan. Ich betrachtete meine Angst und meine Ohnmachtsgefühle. Ich malte mir ohne jede Beschönigung aus, was die Assyrer mir antun könnten. Sie könnten mich als Dienstmagd behalten und einsperren, vergewaltigen, quälen, ermorden. Mir wurde heiß und kalt vor Angst. Nein, allein hätte ich nicht den Mut und nicht die Kraft, zu den feindlichen Soldaten zu gehen, ihren Feldherrn erst zu becircen und, wenn wir allein wären, ihn zu töten, um so sein Heer kopflos zu machen.

Ich betete lange. Ich erinnerte Gott und auch mich selbst an frühere Zeiten, als Gott durch Mirjam, Mose und Aaron in einer ausweglosen Situation mein Volk aus Ägypten durchs Rote Meer geführt hatte. Und hatte Gott uns später nicht immer wieder vor Unglück bewahrt? Ich bat Gott nun, mir, Judit, beizustehen und die frechen Assyrer zu vertreiben. »Brich ihre Stärke mit deiner Macht, brich ihren Trotz durch die Hand einer Frau! Denn deine Macht stützt sich nicht auf große Zahlen. Du warst immer schon ein Gott der Kleinen und Schwachen und ein Retter der Hoffnungslosen. Hilf mir!«

In späteren Jahrhunderten haben sich gläubige Menschen Gedanken darüber gemacht, ob man einen Menschen töten darf, um viele zu retten. Leben ist etwas so Einzigartiges und Unersetzbares, daß man es nicht wie Äpfel und Birnen gegeneinander aufrechnen kann. Wir damals haben uns die Frage, ob Tyrannenmord erlaubt sei, nicht gestellt.

Das Gebet hatte mir einen klaren Verstand und Kraft geschenkt. Ich setzte ein, was ich hatte, meine große Schönheit, meine Klugheit und meine Redegewandtheit.

In Festgewändern, mit Arm- und Fußspangen, vielen Ringen und einem prachtvollen Ohrgehänge, sorgfältig frisiert und geschminkt verließ ich die Stadt und ging ins Lager der Feinde. Ich war wunderschön. Den staunenden Wachen erzählte ich, ich wollte ihrem Heerführer zeigen, wie er das Bergland erobern könne. Eine schöne Verräterin, die am Leben bleiben möchte und die Gunst des Anführers sucht. Sie brachten mich gleich zu ihrem Chef. Ihm erzählte ich etwas von einem Gott, der meinem Volk zürnen werde, wenn es seine Opfergaben aufesse, und daß das bald geschehen würde. Dann könne er problemlos die Stadt einnehmen als Rache Gottes. Dazu machte ich Holofernes noch ein paar Komplimente über seine Tatkraft und seinen Witz, und er schmolz dahin. Sorgfältig achtete ich auf mein Image als fromme Frau, die tagsüber fastet und nachts draußen in der Schlucht mit ihrem Gott spricht. Ich brauchte die konzentrierte Ruhe am Tag und das nächtliche Gebet, um den Mut und die Übersicht nicht zu verlieren. Außerdem entzog ich mich so am Tag den Soldaten und niemand wunderte sich, wenn ich nachts das Lager verließ.

Nach vier Tagen hielt Holofernes es nicht mehr aus. Er wollte mich haben, also lud er zu einem kleinen Gelage im engsten Kreise. In Erwartung der Nacht wurde er immer fröhlicher und trank und trank. Als es dunkel wurde, verließen uns grinsend die anderen Gäste und ich war mit einem betrunkenen Heerführer allein. Ob ich gezittert habe? Ich weiß es nicht. Ich glaube, ich war ruhig und ganz konzentriert auf meine Aufgabe. Ich nahm sein Schwert vom Boden und schlug ihm den Kopf ab, tat diesen in einen Beutel und verließ das Lager, wie jede Nacht. Ich kam ungeschoren nach Betulia zurück. Die plötzlich führerlosen Assyrer wurden in die Flucht geschlagen. Wir waren gerettet.

Das Leben hatte mich vor eine Aufgabe gestellt: Mit Gottes Hilfe habe ich meine Aufgabe erkannt und getan, was ich tun konnte.

Nach ausgiebigen Freudenfeiern war ich wieder die zurückgezogene Frau in ihrem Haus. Meine Lebensaufgabe hatte ich erfüllt. Zufrieden lebte ich bis zu meinem Ende in Betulia.

Ute-Beatrix Giebel

ESTER – TOCHTER ISRAELS

Der König streckte Ester sein goldenes Zepter entgegen, und Ester stand auf und trat vor den König. Sie sagte: Wenn es dem König gefällt und ich sein Wohlwollen gefunden habe, wenn ihm mein Vorschlag richtig erscheint und ich seine Gunst genieße, dann soll durch einen schriftlichen Erlaß die Anordnung widerrufen werden, die der Agagiter Haman, der Sohn Hamedatas, in der Absicht getroffen hat, die Juden in allen königlichen Provinzen auszurotten. Denn wie könnte ich das Unglück mit ansehen, das mein Volk trifft, wie könnte ich das Unglück meines Stammes mit ansehen?

Ester 8,4–6

Die Jüdin Ester lebt in der Stadt Susa zur Zeit der Regierung des Perserkönigs Artaxerxes (ca. 486– 465 v. Chr.). Das Babylonische Exil ist vorbei, viele Juden sind wieder nach Jerusalem zurückgekehrt; wer in der Ferne bleibt, kann sogar am Hof des Perserkönigs aufsteigen. Aus Mißgunst und Neid gegenüber dem Juden Mordechai zettelt Haman, ein königlicher Bediensteter, ein Komplott gegen die Juden an, das Pur wird geworfen, eine Verfolgung im ganzen Perserreich droht. Ester, nach der Verstoßung von Waschti Artaxerxes' Frau, kann durch Klugheit, Diplomatie und List das Unheil von ihrem Volk abwenden. Zur Erinnerung an die Errettung vor der drohenden Verfolgung feiern die Juden seit ca. 390 v. Chr. – bis heute – das Purimfest.

Wir sind in Geschichten verstrickt, heute und damals – glückliche und unglückliche, Geschichten von Leben und Tod, von Mißgunst, Neid und Intrigen, von Gedanken, die zum Tode führen, von Taten und Worten, die befreien. Sie geschehen zumeist mit uns, die Geschichten. Auch mit dir, Ester: Tochter Israels warst du, aufgewachsen im

Hause Mordechais, eines Mannes, der zu seinem Glauben steht und aufrecht in seinem Glauben steht. Davon hast du gelernt. Und schön warst du, schöner als andere junge Mädchen. Davon berichten die Chroniken.

Wie mußt du dich gefühlt haben? Was hast du dir gedacht? – Waschti, die Hauptfrau des Perserkönigs Artaxerxes, wird verstoßen, nur weil sie sich weigerte, dem König seinen Willen zu erfüllen. Der Verstoß gegen den Gehorsam, der dem Mann geschuldet wird, wird geahndet, und er, Artaxerxes, kann sich eine neue Frau suchen, »damit alle Männer Herr in ihrem Haus blieben« (Est 1,22). Mordechai führt dich dem Haus des Königs zu. Und hier geschieht vieles mit dir: Du wirst eingebunden in die Zeremonien des Frauenhauses, du wirst gesalbt, deine Schönheit wird gepflegt, dann wirst du vor den König geführt, und – du gefällst ihm: »Und der König liebte Ester mehr als alle Frauen zuvor, und sie gewann seine Gunst und Zuneigung mehr als alle anderen Mädchen« (Est 2,17). Du läßt vieles geschehen, hältst dich an die Regeln, bewegst dich in den vorgeschriebenen Bahnen der Frauen des Artaxerxes, ein Leben am Hof, ein privilegiertes Leben in der damaligen Zeit. Verstrickt in die Geschichten des Hofes.

Aber dann geschieht etwas, bricht eine neue Geschichte ein, die deine, die immer mehr zu der deinen wird: Du erfährst dich als Tochter Israels, vor dem Gott Mordechais, vor dem Gott deiner Vorfahren, du, Ester. Dein Volk ist bedroht, Neid und Mißgunst bestimmen das Los über die Juden im Perserreich. Jung und alt sollen verfolgt, Kinder und Frauen sollen getötet werden. Haman kann Mordechais Erfolg am Hof, sein Selbstvertrauen nicht ausstehen, ihm gelingt es, König Artaxerxes gegen die Juden aufzuwiegeln. Das Los, das Pur, fällt gegen sie.

Hier beginnt deine Geschichte, du spielst mit, ein neues Spiel, du mischt dich in das Geschehen ein, du läßt nicht nur geschehen – und: du entdeckst dich, deine Schönheit, nicht nur für die Momente zu Willen des Königs, nein, für dich, für dein Volk, du entdeckst deine Klugheit und Überzeugungsfähigkeit. Du spielst, aber im Spiel liegt ein Ernst, eine große Ehrlichkeit. Du weißt, ein Verstoß gegen das enge Regelnetz am Hof kann dich Kopf und Kragen kosten: Der Zutritt zum König ist verboten. Aber du wagst es, du durchbrichst die Regeln; du bist schön auf dem Weg zum König, auch wenn dein Herz voller Furcht ist. »Offenbare dich in der Zeit unserer Not, und gib mir Mut! Gott, du hast Macht über alle: Erhöre das Flehen der Verzweifelten, und befrei uns aus der Hand der Bösen! Befrei mich von meinen Ängsten!« (Est 4,17).

Du setzt viel ein, aber du gewinnst noch viel mehr. Du hast eine neue Freiheit gefunden, als Tochter Israels, im Angesicht des Gottes, der seinem Volk die Treue geschworen hat. Und so wird Mordechais Traum (Est 1,1) wahr: Aus der »kleinen Quelle« wird ein »großer Strom«, die Tage »des Dunkels und der Finsternis« weichen. Auch das ist festgehalten in den Chroniken.

Vor Gott wirst du frei, Ester, aus den vielen Geschichten am Hofe des Artaxerxes machst du dich frei. Aber bist du wirklich frei, wenn du den Spieß umkehrst, wenn nun dein Volk, aus der Intrige des Haman befreit, Rache nimmt und die angedrohte Gewalt mit Gewalt beantwortet? Läßt du dich nicht wieder neu verstricken in eine Geschichte, in der Gott, der frei macht, gebunden wird?

Margit Eckholt

HANNA, DIE MAKKABÄERIN

Auch die Mutter war überaus bewundernswert, und sie hat es verdient, daß man sich an sie mit Hochachtung erinnert. An einem einzigen Tag sah sie nacheinander ihre sieben Söhne sterben und ertrug es tapfer, weil sie dem Herrn vertraute. In edler Gesinnung stärkte sie ihr weibliches Gemüt mit männlichem Mut, redete jedem von ihnen in ihrer Muttersprache zu und sagte: Ich weiß nicht, wie ihr in meinem Leib entstanden seid, noch habe ich euch Atem und Leben geschenkt; auch habe ich keinen von euch aus den Grundstoffen zusammengefügt. Nein, der Schöpfer der Welt hat den werdenden Menschen geformt, als er entstand; er kennt die Entstehung aller Dinge. Er gibt euch gnädig Atem und Leben wieder, weil ihr jetzt um seiner Gesetze willen nicht auf euch achtet.

Nun war nur noch der Jüngste übrig. Auf ihn redete der König nicht nur mit guten Worten ein, sondern versprach ihm unter vielen Eiden, ihn reich und sehr glücklich zu machen, wenn er von der Lebensart seiner Väter abfalle. Als der Junge nicht darauf einging, rief der König die Mutter und redete ihr zu, sie solle dem Knaben doch raten, sich zu retten. Sie beugte sich zu ihm nieder, und den grausamen Tyrannen verspottend, sagte sie in ihrer Muttersprache: Mein Sohn, hab Mitleid mit mir! Neun Monate habe ich dich in meinem Leib getragen, ich habe dich drei Jahre gestillt, dich ernährt, erzogen und für dich gesorgt, bis du nun so groß geworden bist. Ich bitte dich, mein Kind, schau dir den Himmel und die Erde an; sieh alles, was es da gibt, und erkenne: Gott hat das aus dem Nichts erschaffen, und so entstehen auch die Menschen. Hab keine Angst vor diesem Henker, sei deiner Brüder würdig, und nimm den Tod an! Dann werde ich dich zur Zeit der Gnade mit deinen Brüdern wiederbekommen.

2 Makkabäer 7,20–23. 24–25. 27–29

In der Mittagsglut erreichten wir Safed, die höchstgelegene Stadt Israels. Mit den steil ansteigenden Straßen hatte sich der Blick zurück geweitet, der Horizont war näher gerückt.

Safed, eine der heiligen Stätten des Talmud und das Zentrum der mittelalterlichen Mystik, ist mit seinen alten Synagogen und winkligen Künstlergassen ein vielbesuchtes Reiseziel. Doch wo die touristische Topographie endet, eröffnet sich eine Landschaft des Gebets, der Wallfahrt und der Volksfrömmigkeit. Am Westhang der Stadt erstreckt sich ein Meer weißer und blauer Grabsteine: der alte jüdische Friedhof, auf dem die Gräber von berühmten Rabbinen und Kabbalisten verehrt werden. Im unwegsamen Tal verbirgt sich eine Höhle, die an eine der großen Märtyrerlegenden des Judentums erinnert: den Opfertod der Mutter und ihrer sieben Söhne.

Erinnern wir uns an diese Frau, deren Andenken die Bibel ausdrücklich fordert: In jener Zeit war Palästina der seleukidischen

Gewaltherrschaft unterworfen (200–135/63 v.Chr.), die Ausübung der jüdischen Religion wurde unterdrückt. Wer sich den Hellenisierungsbestrebungen des Tyrannen Antiochus IV. Epiphanes widersetzte und sich gegen die Fremdgötterei und Schlachtung unreiner Tiere auflehnte, der lieferte sich einem qualvollen Martertod aus.

»Eher sterben wir, als daß wir die Gesetze unserer Väter übertreten« (2 Makk 7,2), bekundet der erste Sohn der Makkabäerin in Eintracht mit den jüngeren, und einer nach dem anderen widersetzen sie sich todesmutig dem königlichen Befehl, Schweinefleisch zu verzehren. Aus Gottgehorsam und Torahtreue nehmen die jungen Judäer im solidarischen Bruderbund den Martertod an, nachdem sie aufs grausamste gefoltert wurden.

Der Tod der Mutter wird nur mit einer Zeile erwähnt: »Zuletzt starb nach ihren Söhnen die Mutter« (2 Makk 7,41). Nach dem apokryphen vierten Makkabäerbuch warf sie sich in den Scheiterhaufen, damit ihr Leib von niemandem berührt wurde und nach dem Babylonischen Talmud »stieg sie aufs Dach, stürzte sich hinab und starb«.

Die makkabäische Mutter, die im mittelalterlichen Chronikbuch *Jossipon* Hanna heißt, bleibt in der Bibel namenlos und wird doch aufs würdigste benannt: »die Mutter«. Die Wertschätzung der Mutterliebe gipfelt im Judentum in der symbolischen Projektion von Weiblichkeit und Mütterlichkeit auf Gott. Die *Schechina*, ein weiblicher Aspekt Gottes, durchströmt die Welt. »Gleich einer Mutter, die ihr Kind niemals aus den Augen verliert, begleitet die Schechina das Volk Israel auf seinem Weg durch die Geschichte, durch Exil und Leid, in deren Verlauf sie selbst aber nicht aktiv eingreift. Sie vermag durch ihre Anwesenheit nur seelische Stütze zu geben« (Rachel M. Herweg).

Auch Hanna, die liebende Mutter, kann ihren leidenden Söhnen durch ihre bloße Gegenwart und den geteilten Schmerz des Mitleidens seelischen Halt bieten. In vollendetem Gottvertrauen ermuntert sie sogar ihre Kinder zum Blutzeugnis, sie spornt sie an, tapfer und willig zu sterben, um sie »für die

Unsterblichkeit wiederzugebären« (4 Makk 16,13). Das gemeinsame Martyrium der Mutter und ihrer Söhne wird vor allem durch die Hoffnung auf Auferweckung und ewiges Leben motiviert.

Die geliebten Söhne, die sie neun Monate im Leib trug, jahrelang stillte, ernährte, erzog und umsorgte, überläßt sie schließlich dem »Schöpfer der Welt«, dem Spender von Leben. So erzählt die Geschichte der Makkabäerin, daß die Liebe einer Mutter auch Leiden und letztlich Loslassen umfaßt.

Ob Davids Klage über Abschaloms Tod, Hiobs Verzweiflung über den Verlust seiner Söhne und Töchter oder Abrahams stummes Leiden angesichts der befohlenen Opferung Isaaks: Immer wieder läßt die Bibel jenes größte Unglück ahnen, das Eltern mit dem Tod ihrer Kinder trifft.

Als echte »Abrahamstochter« bezeichnet das vierte Makkabäerbuch die Mutter der sieben »Abrahamssöhne«. Sie erleidet ein doppeltes Martyrium, erduldet sie doch das qualvolle Leiden und Sterben all ihrer Söhne an einem einzigen Tag und folgt ihnen als

Märtyrin nach. Das siebenfache Sohnesopfer jener jüdischen *Mater dolorosa* übersteigt noch die Opferbereitschaft des Abraham: Nach dem Babylonischen Talmud wandte sich die Mutter liebkosend ihren Söhnen zu und sprach: »Kinder geht und sagt eurem Vater Abraham: du hast einen Altar errichtet, ich aber habe sieben Altäre errichtet.«

Hanna, die makkabäische Mutter, wurde zu einem Vorbild jüdischer Märtyrinnen, zu einer Ahnin jener Frauen, die in der Sorge um ihre Männer, Söhne, Väter oder Brüder litten und die ihr Leben und ihre geliebten Nächsten hingaben. *Fürstinnen der Trauer,* wie sie *Nelly Sachs* in einem Gedicht beschwor:

Die Nacht eure Schwester
nimmt Abschied von euch –
als letzte Liebende –
Verzeiht ihr meine Schwestern
ich habe euer Schweigen in mein Herz genommen
Dort wohnt es und leidet die Perlen eures Leides
klopft Herzweh
so laut so zerreißend schrill

Es reitet
eine Löwin auf den Wogen Oceanas
eine Löwin der Schmerzen
die ihre Tränen längst dem Meer gab.

(Nelly Sachs, Späte Gedichte, © Suhrkamp Verlag
Frankfurt am Main 1968)

Hanna, wie traurig und zärtlich klingt ihr
Name nach in dem großen Poem, das der
Dichter *Jitzchak Katzenelson* in Gedanken an
seine Frau Chana vor seiner Ermordung in
Auschwitz schrieb: »Mein Chanele, du bist
so eine Starke, Chane. Und wie stark du bist.
Das hab ich früher nie gewußt, du Liebe, nie
so klar. Jetzt willst du ausharrn ganz allein
mit unsern Kindern hier? … Ich mag so gern
dein' Namen rufen, und ich hab es gern, ihn
auszusprechen: Chanele. Du gibst mir See-
lenbrot.«

(Wolf Biermann, Großer Gesang vom ausgerotteten
jüdischen Volk, nach Jitzchak Katzenelson, Köln
1994)

Verena Lenzen

DIE FREMDE FRAU WEISHEIT

Ihr Söhne, hört auf die Mahnung des Vaters und merket auf, um Einsicht zu lernen!

Laß nicht von ihr, so bewahrt sie dich; behalte sie lieb, dann behütet sie dich!

Daß du Besonnenheit behältst und deine Lippen die Erkenntnis bewahren. Achte nicht auf ein schlechtes Weib; [die Frau deiner Jugend] habe Umgang mit dir, ihre Brüste sollen dich sättigen jederzeit, ihre Liebe mache dich immerfort trunken.

(Sprichwörter 4,1; 4,6; 5,2; 5,18b)

Ihr Söhne, hört auf die Mahnung des Vaters, und merket auf, um Einsicht zu lernen!

Erwirb dir Weisheit! Kaufe Einsicht! Vergiß sie nicht, und weiche nicht ab von meines Mundes Worten!

Sprich zur Weisheit: »Du meine Schwester!« und nenne die Einsicht »Verwandte«. So bewahrt sie dich vor der anderen Frau, vor der Fremden, die schmeichlerisch redet.

Was sollst du dich an einer anderen berauschen, mein Sohn, den Leib einer Fremden umfangen?

Wer nach [der Weisheit] greift, dem ist sie ein Lebensbaum; wer sie festhält, ist glücklich zu preisen!

Da hielt [die Fremde] ihn fest, und schon hatte sie ihn geküßt und sagte zu ihm mit frechem Gesicht …

(Sprichwörter 4,1; 4,5; 7,4–5; 5,20; 3,18; 7,13)

Ihr Söhne, hört auf die Mahnung des Vaters, und merket auf, um Einsicht zu lernen!

Den Weisheitsweg will ich dir weisen, ich lasse auf gerader Bahn dich ziehen.

Kommt! Esset von meinem Brot und trinkt vom Wein, den ich gemischt!

»Wie süß schmeckt gestohlenes Wasser, und heimliche Speise wie gut!«

Sprich zur Weisheit: »Du meine Schwester!« und nenne die Einsicht »Verwandte«.

(Sprichwörter 4,1; 4,11; 9,5; 9,17; 7,4)

Ihr Söhne, hört auf die Mahnung des Vaters, und merket auf, um Einsicht zu lernen!

Höre, mein Sohn: nimm an meine Worte, dann werden dir zahlreich die Lebensjahre.

Laut ruft die Weisheit auf den Gassen, erhebt auf den Plätzen die Stimme. Ruft am Anfang der lärmenden Straßen, hält am Eingang der Tore, in der Stadt ihre Reden.

Bald auf der Straße, bald auf den Plätzen, und an jeder Ecke lauerte [die Fremde].

Furcht Jahwes ist Anfang der Erkenntnis; doch die Toren verachten Weisheit und Zucht.

Zu lehren gestatte ich der Frau nicht. Sie soll auch nicht über den Mann herrschen wollen, sondern sich still verhalten.

(Sprichwörter 4,1; 4,10; 1,20–21; 7,12; 1,7; 1 Timotheus 2,12)

(Übersetzung nach: Die Bibel mit den Erläuterungen der Jerusalemer Bibel, hrsg. von Diego Arenhoevel u.a., Verlag Herder, Freiburg 1968)

Im Buch der Sprichwörter finden wir eine Gegenüberstellung der »Frau Weisheit« und der »fremden Frau«: Es geschieht eine Parallelsetzung dieser beiden Frauengestalten zusammen mit einer Abwertung der fremden Frau zugunsten der Frau Weisheit. Man findet beide auf der Straße, auf den Plätzen, in den Gassen, am Anfang der Mauern an den Stadttoren. Beide laden ins Haus ein, beide bieten Brot, Wein und Wasser an, doch wird das Handeln der beiden verschieden gewertet.

Diese Gegenüberstellung geschieht in der Form des Dualismus. Dualismus meint in der Sprache der Feministinnen eine Denkstrategie, die patriarchale Gesellschaften und Religionen kennzeichnet. Es wird damit eine Sicht der Welt bezeichnet, die die Wirklichkeit in einander gegenüberstehende Kategorien und Prinzipien einteilt, die hierarchisch aufgefaßt werden. Beispiele für diese Strategie in der christlichen Tradition gibt es viele, von denen ich Kultur–Natur, Geist–Körper, Gott–Welt und Mann–Frau nennen möchte. Dualistische Frauenbilder begleiten die Geschichte der christlichen Religion seit ihrer Entstehung. So wurde die »reine« Maria der »sündigen« Eva, die »wahre« Kirche der »blinden« Synagoge und eben die »fremde Frau« der »Frau Weisheit« gegenübergestellt. Diese letzte Gegenüberstellung soll uns hier interessieren. Die Texte faszinieren mich: Die Dualismen lassen sich dort so leicht nachweisen, sie verführen mich dazu, die Strategie des Ausspielens der »bösen« gegen die »gute« Frau zu torpedieren, um die Konturen der fremden Frau Weisheit als einer Frau nachzuzeichnen.

Die Abwertung der Fremden gegenüber der Weisheit geschieht hauptsächlich über Sexualität und Tod. Während die Weisheit Schöpfung, Liebe, Leben, Wahrheit und soziale Ordnung repräsentiert, zeichnet man die Fremde als Dirne und Repräsentantin des Totenreiches: »Eine Frau kommt zu ihm im Kleid der Dirnen« (7,10). »Wer zu ihr geht, kehrt nie zurück, findet nie wieder die Pfade des Lebens« (2,19). Beiden Frauen gemeinsam ist, daß sie Grenzgängerinnen sind. Trotz ihrer Fremdheit lebt die Fremde innerhalb der Grenzen der Gesellschaft. Sie erscheint an öffentlichen Plätzen und lädt Leute in ihr Haus ein. Gesellschaftlich betrachtet ist sie eine »In/Outsider«. Die Weisheit wird gleichzeitig als Schöpferin und Geschöpf, als menschliche und göttliche Weisheit dargestellt. Theologisch ausbuchstabiert ist sie transzendente Immanenz. Beide Frauen nehmen also Grenzüberschreitungen vor, wenn auch auf unterschiedlichen Ebenen.

Die hier festgestellten Grenzüberschreitungen können dazu animieren, diese Sprichwörter aus der Sicht einer »rebellischen« Betrachterin zu lesen: Dadurch daß die fremde Frau Grenzen durchbricht, gut und böse relativiert, mit religiösen Tabus spielt und sich nicht dem konventionellen sexuellen Verhalten unterordnet, entledigt sie sich des patriarchalen Korsetts der biblischen Texte. Die scharfe Gegenüberstellung der guten Frau Weisheit (Spr 4,1–27) mit der geächteten fremden Frau (Spr 5,1–23) wird damit als patriarchaler Trick enttarnt. Ein Trick, der verhindert, die zwei Frauengestal-

ten als zwei Gesichter derselben Frau wahr-
zunehmen, einer Grenzgängerin zwischen
Ordnung und Unordnung, Himmel und
Erde. Die Interpretation dieser »rebellischen
Leserin«, die sich als »Co-Autorin« dieses biblischen Textes versteht, könnte demnach so
ausfallen:

Die fremde Frau Weisheit

Ihr Töchter und Söhne,
hört auf die Mahnung der Mutter,
merkt auf, damit ihr Einsicht erhaltet.
Ich bin eine Frau,
ich bin gut, ich bin schlecht.
Laßt nicht von ihr, der Frau Weisheit,
sie wird euch behüten.
Liebt sie und sie wird euch beschützen.
Laßt nicht von ihr, der fremden Frau,
ihre Liebkosungen machen euch trunken,
sie wird euch mit ihrer Liebe berauschen.

Ihr Töchter und Söhne,
hört auf die Mahnung der Mutter,
weicht nicht ab von meinen Worten.
Ich bin eine Frau,
ich bin stark, ich bin schwach.
Umarmt die Frau Weisheit,
das bringt euch Klugheit.
Umfangt den Busen der Fremden,
das bringt euch Verwirrung und Passion.
Greift nach der Weisheit,
denn sie ist ein Lebensbaum.
Laßt euch von der Fremden ergreifen
und seht ihr keckes Gesicht.

Ihr Töchter und Söhne,
hört auf die Mahnung der Mutter,
ich leite euch auf ebener Bahn.
Ich bin eine Frau,
ich bin hungrig, ich bin durstig.
Eßt vom Brot der Weisheit,
trinkt den Wein, den sie mischte.
Genießt das Mahl mit der Fremden,
denn ihr Brot schmeckt besser.
Sagt zur Weisheit: Du bist meine Schwester!
Nennt die Fremde eure Freundin.

Ihr Töchter und Söhne,
hört auf die Warnung der Mutter,
dann mehren sich die Jahre eures Lebens.
Die Weisheit ruft laut auf der Straße,
auf den Plätzen erhebt sie ihre Stimme,
am Anfang der Mauern predigt sie.
Widersteht der Stimme des Vaters:
zu lehren gestatte ich dem Weibe nicht!
Folgt der Fremden in die Gassen,
auf die Marktplätze,
an allen Ecken wartet sie auf euch.
Geht hinein in die Synagogen und Kirchen,
denn nur die Toren verachten Weisheit und Zucht.

(Aus: Hedwig Meyer-Wilmes, Zwischen lila und lavendel, Pustet, Regensburg 1996)

Hedwig Meyer-Wilmes

VOR DEM SPIEGEL

Du bist schön, meine Freundin,
du bist schön!

Deine Augen: Tauben
durch deinen Schleier hindurch.

Dein Haar: wie eine Herde Ziegen,
die herunterziehen vom Berg Gilead.

Deine Zähne: wie eine Herde
zur Schur bereiter Schafe,
die heraufsteigen aus der Schwemme –
alle haben sie Zwillinge,
und keines hat ein Junges verloren.

Wie eine rote Kordel: deine Lippen,
und dein Mund: hinreißend.

Wie der Riß des Granatapfels: dein Gaumen
durch einen Schleier hindurch.

Wie der Davidsturm: dein Hals,
aufgebaut in Schichten,
behängt mit tausend Schilden,
alles Rundschilde der Helden.

Deine beiden Brüste: wie zwei Zicklein,
Zwillinge einer Gazelle weidend in den
Lotosblumen.

Wenn zu blasen anhebt der Tagwind
und die Schatten lang werden,
will ich gehen zum Myrrhenberg
und zum Weihrauchhügel.

Rundum schön bist du, meine Freundin,
und kein Fehl ist an dir.

Hohelied 4,1–7

(Übersetzung nach: Dieter Bauer, in: Bibel heute
2/1994 (Nr. 118), S. 127)

Ich stehe vor dem Spiegel und sehe mich, die Frau, die ich bin. Und ich höre das Lied noch im Ohr, das mein Liebster für mich gesungen hat: »Schön bist du …« So sieht er mich.

Was ist an mir? Ich kenne mich doch, tausendmal habe ich so vor dem Spiegel gestanden. Jeder Zentimeter meines Körpers ist mir vertraut. Und ich weiß auch: Für eine Schönheitskönigin tauge ich nicht gerade. Aber etwas muß an mir sein, etwas, das er sieht – und mir ein Lied singen kann davon. Ich sehe mich, als sähe ich mich zum ersten Mal.

Meine Augen begegnen sich im Spiegel. Jetzt sind sie ernst und nachdenklich. Ja, wenn sie seinen Augen begegnen, dann spüre ich, daß sie strahlen, daß meine Blicke zu Botinnen der Sehnsucht werden. Wenn ich ihm meine Augen zuwende, ist das wie ein Liebesbrief.

Ungebändigt und widerspenstig fallen die Haare über meine Schultern. Spangen und Bänder halten sie nicht, und ich will sie auch gar nicht gebunden haben wie ein braves

Schulmädchen. Ich bin eine lebenslustige Frau, ungezähmt, temperamentvoll und frech bin ich.

Mein Gesicht: »weiß wie Schnee, rot wie Blut und schwarz wie Ebenholz«. Wenn mein Mund mit ihm spricht, verrät jedes Wort meine Verliebtheit. Und selbst wenn ich gar nichts sage – mein Lachen, mein halbgeöffneter Mund reden nur zu deutlich von meiner Sehnsucht nach ihm.

Ich bin eine stolze Frau, nicht demütig gebeugt, sondern aufrecht und mit erhobenem Kopf stehe ich da. Vor dem Spiegel, und erst recht vor jedem Mann! Das hat er schnell erkannt. Es stimmt schon: Wer mich lieben will, muß mich schon bestürmen. Mit Gewalt lasse ich mich nicht brechen; aber ich mag es, seine stürmische Leidenschaft zu spüren, wenn er zu mir kommt.

Meine Brüste laden ein, sie anzufassen, mit ihnen zu spielen. Warm und weich sind sie, eine Quelle des Lebens und der Freude – für ihn. Und für mich? Ein empfindsamer Teil meines Körpers sind sie, für Schmerz

wie für Lust, manchmal gar nicht weit voneinander entfernt.

Und mein Leib: »Myrrhenberg und Weihrauchhügel« hat er gesagt. Bisweilen erlebe ich das ganz anders, als Last und Plage, als Sitz der Schmerzen, die es bedeutet, Frau zu sein. Was er sieht, entdecke ich ganz neu an mir, in mir: ein Lustgärtlein, ein Wunderland. Wenn die Zeit kommt, werden wir es gemeinsam bereisen und erforschen, miteinander darin wohnen.

»Rundum schön bist du«, klingt mir noch im Ohr. Bin ich gemeint? Ich sehe mich, als sähe ich mich zum ersten Mal.

Ursula Silber

DEIN MUT ZUM JA

Im sechsten Monat wurde der Engel Gabriel von Gott in eine Stadt in Galiläa namens Nazaret zu einer Jungfrau gesandt. Sie war mit einem Mann namens Josef verlobt, der aus dem Haus David stammte. Der Name der Jungfrau war Maria. Der Engel trat bei ihr ein und sagte: Sei gegrüßt, du Begnadete, der Herr ist mit dir. Sie erschrak über die Anrede und überlegte, was dieser Gruß zu bedeuten habe. Da sagte der Engel zu ihr: Fürchte dich nicht, Maria; denn du hast bei Gott Gnade gefunden. Du wirst ein Kind empfangen, einen Sohn wirst du gebären: dem sollst du den Namen Jesus geben. Er wird groß sein und Sohn des Höchsten genannt werden. Gott, der Herr, wird ihm den Thron seines Vaters David geben. Er wird über das Haus Jakob in Ewigkeit herrschen, und seine Herrschaft wird kein Ende haben. Maria sagte zu dem Engel: Wie soll das geschehen, da ich keinen Mann erkenne? Der Engel antwortete ihr: Der Heilige Geist wird über dich kommen, und die Kraft des Höchsten wird dich überschatten. Deshalb wird auch das Kind heilig und Sohn Gottes genannt werden. Auch Elisabet, deine Verwandte, hat noch in ihrem Alter einen Sohn empfangen; obwohl sie als unfruchtbar galt, ist sie jetzt schon im sechsten Monat. Denn für Gott ist nichts unmöglich. Da sagte Maria: Ich bin die Magd des Herrn; mir geschehe, wie du es gesagt hast. Danach verließ sie der Engel.

Lukas 1,26–38

Freilich wußte ich schon lange, bevor ich dir begegnet bin, wer du bist. Aber ich sah nicht, was du mir hättest geben können. Um ehrlich zu sein, warst du für mich tatsächlich eine Zeit lang »das blasse Gipswesen aus der Grotte von Lourdes«, wie Dorothee Sölle das einmal formuliert hat. Nun aber habe ich gelernt, hinter den vielen Bildern, die Menschen von dir gezeichnet haben, dich selbst zu entdecken. Und du bist mir zu einer Schwester im Glauben geworden, zu einem Menschen, dessen Lebensbeispiel mir Richtung gibt.

Mag sein, daß du dich von den anderen Mädchen in Israel gar nicht so sehr unterschieden hast, als Gott gerade dich auserwählte, zur Mutter des Erlösers zu werden. Das Wort des Engels aber reißt dich heraus aus deinem Alltag, raubt dir die Sicherheit eines Lebens, dessen Trost darin besteht, daß alle anderen es genauso leben. Es verheißt dir ein Kind. Und wenn schon jede natürliche Schwangerschaft verlangt, dem Neuen in sich Raum zu geben, so fordert deine geistliche Schwangerschaft dies in besonderem Maße. Du, das unscheinbare Mädchen aus Nazaret, sollst den Menschen gebären, der die lange gehegten Hoffnungen seines Volkes erfüllen soll.

Ich will realistisch sein und auch überlegen, ob es dir vielleicht geschmeichelt hat, für eine solch große Aufgabe ausersehen worden zu sein. War diese Zukunft eine verlockende Vorstellung für dich? Oder verhielt es sich ganz anders? Ist es dir damals schon in den Sinn gekommen, welche Last damit verbunden ist, dem ganz normalen Durchschnittsleben zu entsagen?

Die Geschehnisse deines Lebens werden dir nicht aufgezwungen, du wirst gefragt, ob du bereit bist, das auf dich zu nehmen, was Gott mit dir vorhat. Auch antwortest du nicht blindlings, sondern überlegst. Da ist noch etwas, was du den Engel fragen willst. So manches an seinem Antrag wäre der Rückfrage wert. Überraschenderweise fällt deine Rede ganz anders aus, als man es erwarten möchte: »Wie kann dies geschehen?«, fragst du nur, denn du bist ja noch nicht verheiratet.

Deine Frage erscheint so arglos, als hättest du die Problematik der Situation gar nicht begriffen. Du wußtest doch, daß deine Umwelt eine voreheliche Schwangerschaft unter Umständen sogar mit Steinigung bestrafte. Hattest du gar keine Angst? – Mir fällt auf, daß du dir gar keine Sicherheiten ausbedingst, ja nicht einmal um besonderen göttlichen Schutz bittest. Dachtest du gar nicht an die Schwierigkeiten, in die ein Ja dich bringen würde? Was sollte Josef, dein Verlobter, dazu sagen, wie deine Familie reagieren?

All diese familiären Bedingungen scheinen belanglos für dich zu sein. Nicht als Tochter deiner Eltern, nicht als Verlobte Josefs bist du angesprochen, an dich persönlich richtet sich Gottes Wort. In der Entscheidung, die von dir verlangt wird, kann niemand dir raten, niemand sie für dich treffen. Du allein bist gefragt. Du allein mußt über dein weiteres Leben entscheiden.

Warst du auf derartige Entscheidungen vorbereitet? Zielte nicht die Mädchenerziehung, damals wie heute, eher auf Anpassungsfähigkeit denn auf Unabhängigkeit? – Du aber zeigst dich stark: Du bist nicht hin- und hergerissen, baust keine Mauern um dich auf, versteckst dich nicht hinter einem »Warum gerade ich?« und versuchst nicht, deiner Lebensaufgabe zu entfliehen. Das einzige, was dich zu interessieren scheint, ist, wie Gott gedenkt, seinen Plan ins Werk zu setzen.

»Für Gott ist nichts unmöglich«, erfährst du da, und diese Antwort des Engels leuchtet dir ein. Sie geht deinem Ja unmittelbar voraus und bereitet es vor. Die religiöse Tradition deines Volkes hat dich gelehrt, Gott als Schöpfer der Welt und als Herrn der Geschichte zu verstehen. Er, der alles vermag zum Heil der Menschen, will jedoch nichts tun ohne sie. Und du, Maria, bist auserwählt worden, in seinem Heilsplan eine tragende Rolle zu übernehmen. Wie das näherhin gehen soll, wird nicht gesagt. Auf deine Frage erhältst du keine präzise Antwort. Du wirst auf den Heiligen Geist verwiesen, der als Herr und Lebensspender gilt. Ihm sollst du dich vertrauensvoll überlassen. Und wie das Beispiel Elisabets zeigt, kann er Leben schaffen, wo Menschen das längst aufgegeben haben.

Noch ahnst du nicht, was alles auf dich zukommen wird, und doch öffnest du dich dem göttlichen Plan und nimmst deine Erwählung an.

Diese Offenheit ist es, die dich so faszinierend macht. Wie alt magst du gewesen sein? Fünfzehn, siebzehn oder erst dreizehn? Mutterschaft war eine realistische Möglichkeit für dich, also warst du schon eine junge Frau, und doch erscheinst du in deiner Offenheit so unbekümmert und arglos wie ein Kind. Die Reine, die Jungfräuliche, so nennen dich deshalb später die Menschen, die dich verehren.

Welchen Mut du bewiesen hast, Maria! Du hast alle menschlichen Sicherheiten aufgegeben, um eine Entscheidung zu fällen, zu der dein Herz dich drängte. Unvernünftig mag sie manchem erschienen sein, und das war sie wohl auch zumindest in dem Sinn, daß keine Vernunftgründe für sie sprachen. Dein Ja legte sich nicht auf Grund von Sachzwängen nahe – sie sprachen eher dagegen –, es war Ausdruck deines Vertrauens auf das Wort Gottes. Tief in dir hast du wohl verspürt, daß du an diesem Ja nicht vorbeikamst. Und wenngleich deine Umwelt meinte, du seist nun ganz aus der Rolle gefallen, so wußtest du doch, daß du dich gefunden hattest, indem du dich in Gottes Hände begabst.

Der Weg, den du eingeschlagen hast, Maria, war nicht leicht. Deine Lebensentscheidung hob dich heraus aus der Schar der übrigen Frauen in Israel, doch stieß sie dich auch in die dunkle Nacht von Golgota. War das »Mein Gott, warum hast du mich verlassen?« damals auch auf deinen Lippen? Ich weiß es nicht. Sicher ist nur, daß du deinen Gott wiedererkannt hast, als du hörtest: »Jesus lebt!«

Regina Radlbeck-Ossmann

ERFAHRUNGEN AUS DER KÜCHE

Das Reich der Himmel ist ähnlich einem Sauerteig, den eine Frau nahm und unter drei Scheffel Weizenmehl verbarg, bis es ganz durchsäuert war.

Matthäus 13,33 (Übersetzung der Verfasserin)

Wer hätte das gedacht: ein Blick in die Küche und man hat etwas vom Reich Gottes verstanden! Ein Kleinod unter den Gleichnissen Jesu ist dieser Vers aus dem 13. Kapitel bei Matthäus. Es ist ein Gleichnis aus der Küche und aus dem Alltag von Frauen. Brotbacken war Frauenarbeit. Viele Zuhörerinnen Jesu werden sich gedacht haben: Ja, das kenn ich. Ich nehme einen Sauerteigansatz, menge, »verberge« ihn unter Weizenmehl und dann stelle ich den Teig zur Seite. Und ich bin mir sicher: Wenn eine bestimmte Zeit verstrichen ist, wird das ganze Mehl durchsäuert sein. Dann kann ich den Teig nehmen und ihn backen.

Doch wie kommt das, daß eine Frau, die auf solche Weise Brot bäckt, Gleichnis für das Reich Gottes sein kann? Der springende Punkt scheint mir der zu sein: Mit der gleichen *Gewißheit*, mit der die Frau weiß, daß der Teig nach der Gärungszeit durchsäuert sein wird, soll sie wissen, daß sie von Gott geliebt ist. Denn das Reich Gottes ist die Gewißheit, von Gott geliebt zu sein.

So sagt also Jesus mit dem Gleichnis von der brotbackenden Frau: Die Erfahrung, die ihr vom Brotbacken her kennt, die gilt auch für Gottes Beziehung zu euch. Die Gewißheit, die ihr habt, daß der Sauerteig das ganze Mehl durchsäuert, mit derselben Gewißheit dürft ihr euch der Liebe Gottes sicher sein.

Was aber heißt denn das: sich der Liebe Gottes sicher sein? Es bedeutet, »sich so in Gottes Liebe geborgen wissen, daß man nicht mehr aus der Angst um sich selbst leben muß« (Peter Knauer). Angst ist etwas sehr Entscheidendes in unserem Leben; mehr als uns manchmal bewußt oder auch lieb ist, bestimmt sie unser Verhalten und Handeln.

Angst hilft uns, uns vor Gefahren zu schützen. Wo aber die Angst um uns selbst die Oberhand gewinnt, versuchen wir, uns um jeden Preis abzusichern. Diese Absicherung und Abgrenzung anderen gegenüber hat mit Rivalität zu tun; sie führt notgedrungen zu unmenschlichem Verhalten. Die Gewißheit der Liebe Gottes hilft uns, daß wir uns nicht unseren Ängsten unterwerfen.

Bezogen auf das Gleichnis von der brotbakkenden Frau heißt dies: Die brotbackende Frau braucht nicht ängstlich jede Minute nachzuschauen, ob der Teig sich wirklich verändert. Sie weiß es. Sie hat durch ihre Erfahrung Sicherheit im Brotbacken erreicht und kann den Teig ohne Sorge ruhen lassen. So hat diese Arbeit, die im unbeachteten Raum der Küche geschieht, eine Botschaft in die Öffentlichkeit zu vermitteln: Daß es ein Segen ist, daß man sich auf den Gärungsprozeß des Sauerteigs verlassen kann. Die brotbackende Frau ist in ihrer Gewißheit, daß der Sauerteig das Mehl durchsäuert, ein *Gleichnis* für das Reich Gottes, ein *Gleichnis* für die Gewißheit, daß Gott uns liebt. Das heißt, die Erfahrung aus der Küche soll auf das ganze Leben *übertragen* und so zu Glaube werden.

Jesus hatte ein feines Gespür für die Fähigkeiten, die wir im Alltag gut zu nutzen wissen, derer wir uns aber gar nicht so bewußt sind. Auch Vertrauen und Sorglosigkeit sind solche Fähigkeiten, die Jesus ans Licht holt, um uns zu ermutigen, sie auch in anderen Berechen einzusetzen. Nur: Wie geht das in unserem Fall, wo durch die Gewißheit der Liebe Gottes die Angst um uns selbst überwunden werden soll?

Angst um mich kann ich z. B. haben, wo ich aufgefordert bin, mit anderen zu teilen – den Arbeitsplatz, Geld, die Ressourcen unserer Erde –, und ich zu fürchten beginne, daß ich durch dieses Teilen zu kurz komme. Angst um mich selbst kann ich auch dort haben, wo ich mich politisch engagiere und z. B. durch meine Solidarität mit Verfolgten persönliche Nachteile in Kauf nehmen muß oder gar mein eigenes Leben riskiere. Nur weil es Menschen gibt, die nicht nur ihre Vorteile im Auge haben, ist es möglich, daß unsere Gesellschaft menschenfreundlicher wird.

Der Umgang mit der Angst ist alles andere als eine einfache Sache. Ein Leben ohne Angst gibt es nicht. Ängste haben eben auch die wichtige Funktion, uns vor Gefahren zu schützen. Wo sie uns aber an der eigenen Entfaltung hindern und wo sie uns daran hindern, verantwortlich und menschlich miteinander umzugehen, da müssen wir wachsam sein. Wo es uns gelingt, auf Gott zu vertrauen und so die Angst um uns selbst zu entmachten, da werden neue Kräfte freigesetzt: Menschlichkeit, Verantwortung, Fähigkeit zum Bekenntnis und zur Nachfolge Jesu. Daran soll uns die Gewißheit der brotbackenden Frau erinnern: Sie verbirgt den Sauerteig im Mehl, sie sieht ihn nicht mehr, aber sie weiß, daß er wirksam ist.

Andrea Tafferner

FRAU, DEIN GLAUBE IST GROSS

Von dort zog sich Jesus in das Gebiet von Tyrus und Sidon zurück. Da kam eine kanaanäische Frau aus jener Gegend zu ihm und rief: Hab Erbarmen mit mir, Herr, du Sohn Davids! Meine Tochter wird von einem Dämon gequält. Jesus aber gab ihr keine Antwort. Da traten seine Jünger zu ihm und baten: Befrei sie, denn sie schreit hinter uns her. Er antwortete: Ich bin nur zu den verlorenen Schafen des Hauses Israel gesandt. Doch die Frau kam, fiel vor ihm nieder und sagte: Herr, hilf mir! Er erwiderte: Es ist nicht recht, das Brot den Kindern wegzunehmen und den Hunden vorzuwerfen. Da entgegnete sie: Ja, du hast recht, Herr! Aber selbst die Hunde bekommen von den Brotresten, die vom Tisch ihrer Herren fallen. Darauf antwortete ihr Jesus: Frau, dein Glaube ist groß. Was du willst, soll geschehen. Und von dieser Stunde an war ihre Tochter geheilt.

Matthäus 15,21–28

Seit Wochen bin ich mit meinen Gedanken nur noch bei Farnges und dem fremden Heiler aus Galiläa. Manchmal kneife ich mich in den Arm, um mich zu vergewissern, ob alles wirklich mehr ist als nur ein schöner Traum.

Vor sieben Jahren hatten sich nämlich die Dämonen in die Hütte meiner Freundin eingenistet, und ich mußte miterleben, wie diese Ungeheuer fast täglich über ihre Tochter herfielen und das junge, unschuldige Geschöpf gnadenlos plagten. Wie oft saß ich selbst hilflos und ohnmächtig am Krankenlager vor Farnges, streichelte ihr qualvoll verzerrtes Gesicht und versuchte mit aller Kraft, die ineinandergekrallten Hände zu lösen.

Längst hatte ihr Vater den Kampf mit der Krankheit aufgegeben. All die Ärzte, die ihm empfohlen wurden, konnten nichts bewirken. Er hielt es daheim nicht mehr aus, floh aus unserem Dorf und suchte Trost in einer neuen Ehe. Zeitweise rang auch ich mit der Versuchung, die unheilvolle Hütte nie mehr zu betreten, aber ich konnte und wollte meine Freundin in ihrem Elend nicht allein

lassen. Tag und Nacht sorgte sie sich um das
Mädchen. Und ich spürte, wie die Starre der
Tochter allmählich auf die Mutter überging,
sie einengte, lähmte, beugte.

Da hörte ich am Dorfbrunnen von einem
Heiler aus Galiläa, der sich mit einer Gruppe
von Männern und Frauen ganz in der Nähe
hier aufhalte. Ob der wohl helfen konnte?
An jeden Strohhalm klammerte ich mich.
Gleich rannte ich zu meiner Freundin und
erzählte ihr davon. Aber es fiel mir diesmal
nicht leicht, sie zu bewegen, diesen Mann
aufzusuchen. Ihre Angst vor einer neuen
Enttäuschung war so groß. Außerdem wußte
sie doch, daß die Juden mit uns Kanaanäern
nichts zu tun haben wollen, schon gar nicht
mit uns Frauen. – Glaubst du wirklich, daß
der Mann aus Israel auch über solch gewal-
tige Dämonen Macht hat? Wenn es stimmt,
was die Frauen von ihm heute morgen wußten, dann könnten wir hoffen. – Wie sehr
wünschte ich es meiner Freundin. Farnges
mußte von unserem Gespräch etwas mitbe-
kommen haben. – Mutter, versuchs, meinet

wegen! – Dem kindlich gläubigen Bitten wollte sie nicht widerstehen. Zünd ein Licht bei den Göttern an, rief sie mir noch zu, warf ihr Tuch um und ging los. Das Mädchen schlief bald ein. So verließ ich den Raum für ein paar Stunden, um meine eigene Familie zu versorgen.

Als ich wiederkam, saß meine Freundin am Bett ihrer Tochter und weinte. Seit Jahren hatte sie schon nicht mehr geweint. Ich trat scheu zu ihr und legte den Arm um sie. Mir war, als beträte ich heiligen Boden. Sofort nahm ich wahr: Farnges war ganz verändert. Die Hände, bis vorher noch verkrampft, lagen entspannt auf der Decke, und das entstellte Gesicht wirkte gelöst, geradezu anmutig. Nur ihre großen Augen glitten langsam von der Mutter weg und schauten mich fragend und unsicher an: Bin ich wirklich gesund? Kommen die bösen Geister nie mehr zurück?

Immer noch schluchzte meine Freundin, als ob die ganze Härte der Jahre in ihr langsam aufgebrochen wäre. – Magst du mir erzählen, was passiert ist? – Geduldig wartete ich. Und so brach nach und nach alles aus ihr heraus: daß sie hinter ihm herlief und vor lauter Angst zuerst keinen Ton herausbrachte; daß sie aber dann doch laut um Erbarmen schrie; daß seine Freunde sie verächtlich angafften und abfertigen wollten. Und er selbst? Der Fremde hatte sich kaum nach ihr umgedreht; er redete nur mit denen um ihn herum. Und als sie dann vor ihm niederfiel, verglich er sie mit einem Hund, der den Kindern das Brot wegnimmt. – Und das hast du dir gefallen lassen? So ein eingebildeter Jude! Das ging zu weit! Ich an deiner Stelle wäre sofort weggelaufen. Schließlich sind wir auch jemand.

Sie schaute mich an. – Nur einen Pulsschlag fühlte ich auch so, wollte ich aufgeben. Doch eure Hoffnung hielt mich zurück, gab mir Kraft, ließ mich alles riskieren. Ganz plötzlich spürte ich neues Leben in mir, viel stärker als Angst und Stolz. Heilende Kraft ging von ihm aus. So packte ich ihn beim Wort: Und wenn du mich Hund nennst, auch

Hunde sind Geschöpfe deines Gottes und wollen leben. Ich lasse nicht von dir! Gönn uns die Brosamen von deinem Tisch!

Freundin, das war stark! Widerstand und Demut zugleich! Genauso erlebte ich sie damals, als ich sie kennenlernte. Über die schlimmen Jahre der Krankheit hatte ich es fast vergessen. Dankbar umarmte ich sie. Minuten des Schweigens, in denen ich ahnte, wie die Begegnung mit dem Mann aus Galiläa ausging.

Mit soviel gläubig-mutigem Vertrauen hatte er wohl nicht gerechnet. Er half ihr hoch, und es war ihr, als zittere seine Hand. Und eher gütig sagte er zu ihr leise: Das mit den Hunden tut mir leid. Dann sprach er laut, wie einer mit göttlicher Vollmacht: Frau, groß ist dein Glaube. Dir geschehe, wie du willst.

Diese Zusage ließ mich erschauern und voller Ehrfurcht wiederholte ich zustimmend: Ja, groß ist dein Glaube. Das Gesicht meiner Freundin errötete dabei leicht. Dann beugte sie sich über ihre Tochter, küßte sie behutsam-zärtlich auf die Stirn und strich ihr über das dunkle Haar. – Mein Liebes, nun wird alles gut. –

Jetzt war es um mich geschehen. Die letzten Zweifel in mir lösten sich mit meinen Tränen auf, und wie aus weiter Ferne hörte ich Farnges sagen: Mutter, ich stehe auf.

Ein warmer Wind wehte mir entgegen, als ich im Dunkel dieser wunderbaren Nacht heimging.

Benedikta Hintersberger

UNVERNUNFT DER HINGABE

Als Jesus einmal dem Opferkasten gegenübersaß, sah er zu, wie die Leute Geld in den Kasten warfen. Viele Reiche kamen und gaben viel. Da kam auch eine arme Witwe und warf zwei kleine Münzen hinein. Er rief seine Jünger zu sich und sagte: Amen, ich sage euch: Diese arme Witwe hat mehr in den Opferkasten hineingeworfen als alle andern. Denn sie alle haben nur etwas von ihrem Überfluß hergegeben; diese Frau aber, die kaum das Nötigste zum Leben hat, sie hat alles gegeben, was sie besaß, ihren ganzen Lebensunterhalt.

Markus 12,41–44

Eine tolle Frau, diese arme Witwe – wirft sie ihren ganzen Lebensunterhalt in den Opferkasten des Tempels. Die Spenden, die dort eingingen, wurden wahrscheinlich für Brandopfer verwendet. Was für ein großes Zeichen: Die beiden kleinen Münzen der Frau, das ist nicht etwas von dem, was ihr im Überfluß zur Verfügung steht, sondern alles – alles, was sie hat, verschenkt sie zur größeren Ehre Gottes. Damit verzichtet sie nicht auf irgendeine Annehmlichkeit, die sie sich ansonsten hätte leisten können, sondern auf Lebensnotwendiges. Ja, mehr noch: Der Verzicht der Witwe umfaßt nicht nur die Gegenwart, sondern ebenso die Zukunft. Sie legt ihr Leben ganz in die Hand Gottes, vertraut sich seiner Fürsorge an. Es ist gut, daß Jesus auf sie aufmerksam macht und seinen Jüngerinnen und Jüngern an ihrem Beispiel einschärft, daß es nicht auf die Größe der Gabe ankommt, sondern auf die Echtheit der Gesinnung. Im Vertrauen auf Gott ganz im Augenblick präsent zu sein; sich nicht zu sorgen um den nächsten Tag, nichts zurückzulegen für Notzeiten, sich nicht ängstlich um Ausbildung, Arbeitsplatz, Gesundheitsfürsorge, Versicherungen zu kümmern; dazu frei zu sein von der Ideologie des Habenwollens, nicht jeder Konsummöglichkeit zu verfallen, nicht zu sparen für einen Herzenswunsch – so würde ich auch gerne leben. Die Frage, was die beiden kleinen Lebensmünzen auf meine Lebenswährung umgerechnet für einen Kurs ergeben würden, ist überflüssig. Die Witwe hat ihren *ganzen* Lebensunterhalt gegeben ... Das wäre ein Zeichen! Ich male mir den großen Auftritt aus, wie ich meine »zwei Münzen« in den Opferkasten einwerfe.

Doch andererseits: Ob sich diese Frau keine Gedanken gemacht hat über die Verwendung ihres Geldes? Hat sie denn nie daran gedacht, daß die verantwortlichen Priester auch einmal etwas von den Spenden für ihre Dienste in die eigene Tasche wandern lassen könnten? War sie sich so sicher, daß das Opferfleisch auch immer zweckmäßig verwendet, sprich vollständig verbrannt wurde? »Verwaltungskostenpauschale«, »Spendensie-

gel« – das waren damals natürlich keine The-
men, heute würde ich aber darauf achten,
bevor ich eine großzügige Spende gebe.

Und wenn wir schon dabei sind: Ob nun
gerade Brandopfer ein geeignetes Projekt
sind, sei auch dahingestellt. Wenn diese Frau
schon so radikal ihren Besitz herschenkt,
hätte sie sich vielleicht informieren sollen, ob
sie nicht »sinnvollere Maßnahmen« unterstützen könnte. Ich habe da für mich mittlerweile einen differenzierten »Kriterienkata-
log« zusammengestellt: »Zur Ehre Gottes« –
es ist ja wohl klar, daß dies am besten in der
Hilfe am Mitmenschen geschieht. Wenn ich
allerdings in der U-Bahn angebettelt werde,
dann laß ich mich nicht von falschem Mitleid
leiten: Kein Bargeld, das wird nur in Alkohol
umgesetzt, strukturelle Veränderungen sind
angesagt. Wenn Parteien oder Verbände um
meine Unterstützung für ihre Sozialpolitik
werben, dann sehe ich glasklar die Kompro-
misse, die ich in anderen Sachfragen einge-
hen müßte und die mein Engagement in
diesem Rahmen unmöglich machen. Wenn
ich von Hilfsorganisationen angeschrieben

werde und konkrete Projekte unterstützen soll, bin ich informiert genug, um zu erkennen, daß die meisten eine vollkommen überholte »Förderungspolitik« verfolgen.

Überhaupt: Je länger ich darüber nachdenke, desto weniger kann ich billigen, daß die Witwe ihr ganzes Geld in den Opferkasten geworfen hat. Von Armen erwarte ich doch, daß sie aktiv mitwirken bei der Verbesserung ihrer Lebenschancen und nicht die knappen Ressourcen einfach verschleudern. Da wäre es doch sinnvoller gewesen, die Gute hätte ihre zwei Münzen für irgendeine »einkommenschaffende Maßnahme« aufgespart, um auf Dauer ihre Abhängigkeitssituation zu verändern. Irgendetwas im Bereich der Subsistenzwirtschaft: Straßenverkauf, Kleinstunternehmen, Anbieten von Dienstleistungen. Die Schlagworte und die Theorie liefern wir zwar erst heute mit unserem Ansatz einer »armutsorientierten Entwicklungspolitik«, aber die Mechanismen und Instrumente an sich sind doch so alt wie die Menschheit. Da wäre doch sicher auch für sie etwas in Frage gekommen. Wenn die

Frau dies schon nicht für sich selbst in Betracht zieht, hätte sie zumindest an die Zukunft ihrer Kinder denken müssen. Deren Los wollte sie doch bestimmt verbessern. Wer sein Geld nicht zusammenhält, verbessert aber nicht nur seine aktuelle Einkommenssituation nicht, sondern riskiert außerdem, der Solidargemeinschaft in Zukunft zur Last fallen zu müssen. Das ist doch eine Zumutung an den guten Willen der anderen. Zuerst muß man alle Möglichkeiten ausschöpfen, die in der eigenen Macht stehen.

Alles in allem: In solch einer Situation ist es nicht empfehlenswert, so zu handeln wie diese arme Frau. Statt sie in ihrer unvernünftigen Haltung zu bestärken, hätte man sie aufklären und ihr konkrete Hilfe anbieten müssen. Typisch, daß mit einer Frau so umgegangen wird. Bei Männern reagiert man in der Regel anders. Frauen traut man dagegen sowieso nicht zu, daß sie langfristig denken können, und bestärkt sie lieber in ihrer demütigen, aufopfernden Rolle. Sehr ungeschickt, daß Jesus meint, dieses Verhalten auch noch öffentlich loben zu müssen. Ich jedenfalls wäre nicht so dumm wie die Witwe gewesen, sondern hätte mein Geld behalten. Nach einigen Jahren eisernen Sparens und harten Arbeitens hätte ich nicht nur meine eigene Lebenssituation, sondern auch die meiner Familie grundlegend verbessert und dann wäre ich natürlich um so großzügiger. Ich stelle mir den großen Auftritt schon vor, wie ich eine Spende gebe, die nicht nur symbolischen Wert, sondern einen namhaften Betrag hat.

Und doch – es bleibt ein unerledigter Rest: Was könnte werden, wenn ich *alles* gäbe?

Claudia Lücking-Michel

BRIEF DES JUDAS
AN DIE SALBENDE FRAU

Als Jesus in Betanien im Haus Simons des Aussätzigen bei Tisch war, kam eine Frau mit einem Alabastergefäß voll echtem kostbaren Nardenöl, zerbrach es und goß das Öl über sein Haar.

Einige aber wurden unwillig und sagten zueinander: Wozu diese Verschwendung? Und sie machten der Frau heftige Vorwürfe.

Jesus aber sagte: Hört auf! Warum laßt ihr sie nicht in Ruhe? Sie hat ein gutes Werk an mir getan. Denn die Armen habt ihr immer bei euch, und ihr könnt ihnen Gutes tun, so oft ihr wollt; mich aber habt ihr nicht immer. Sie hat getan, was sie konnte. Sie hat im voraus meinen Leib für das Begräbnis gesalbt. Amen, ich sage euch: Überall auf der Welt, wo das Evangelium verkündet wird, wird man sich an sie erinnern und erzählen, was sie getan hat.

Markus 14,3–9

Verehrte Frau aus Betanien,

obwohl ich Dich gut kenne, kann ich Dich nicht beim Namen nennen. Namenlos hat man Dich gemacht, ein Schicksal, das Du mit vielen Frauen teilst, mit den meisten. Meinen Namen kennt dagegen jedes Kind: Judas Iskariot, der Verräter mit dem verschlagenen Blick und der Adlernase, der Abgefallene, das schwarze Schaf. Den Namen der großen Liebenden hingegen, die an jenem verhängnisvollen Mittwoch der Passahwoche intuitiv wußte, was zu tun war, hat man verschwiegen. Gegen den klaren Willen Jesu übrigens, der Dein Gedächtnis bis in alle Ewigkeit, bis zum Gericht am Ende der Zeiten, bewahren wollte.

So will ich denn wenigstens heute, nach zweitausend Jahren, ehrlich zu Dir zu sein. Nein, ich habe es damals nicht bedauert, als Dein Name »vergessen« wurde. Wie sehr wollte ich Dich vergessen, Dein Antlitz aus meinem gequälten Hirn streichen. Du, eine stolze Frau, die mit Anmut und Würde auf

Jesus zutritt, ohne die murrenden Männer bei Tisch zu beachten, und ihm das Haupt salbt. Ruhig und selbstverständlich tust Du das, tief überzeugt von der Richtigkeit Deines Tuns.

Es war eine Königssalbung, hat eine Exegetin vor kurzem geschrieben, eine Handlung, die früher die großen Propheten an ihren Königen vollzogen. Und damit war Dein Tun ein Messiasbekenntnis, nicht weniger eindrücklich als das des großen Apostels Petrus (Mk 8,29). Ob jene Exegetin wohl recht hat? Wie Du weißt, mißtraue ich theologisch gebildeten Frauenzimmern. Aber ich erinnere mich gut, wie urplötzlich Freude und Leben im Gesicht Jesu aufleuchteten, als Du den Hals des Alabastergefäßes zerbrachst und der Duft des Salböls – sündteures Zeug – den Raum erfüllte. Dabei war Jesus den ganzen Tag über bedrückt gewesen, geradezu wortkarg, so als ahnte er etwas. Und dann schenkte er Dir sein Lächeln, bevor er – ruhig und getröstet – über seinen bevorstehenden Tod sprach, Deine Salbung gar als

Vorwegnahme seiner Totensalbung deutete. So hast Du seinen würdelosen Tod im voraus mit Würde bekleidet. Unauslöschlich bist Du damit hineinverwoben in die Passionsgeschichte: Du als die große Liebende, ich als der große Verräter, der Mann, der sogar im Kuß noch lügt.

Als ich Jesu Lächeln sah und Dich mit dem zerbrochenen Gefäß neben ihm, stieg urplötzlich etwas Dunkles, Klebriges in meinem Inneren auf und ließ mein Herz erstarren. Totenstarre überall. Mein Gesicht wurde zur Maske, nur mein Mund konnte noch reden. Und er sprach von Geld und Verschwendung, von dem, was mich in diesem Augenblick am allerwenigsten interessierte. Wäre dies Dunkle nicht über mich hereingebrochen, diese abgründige Erstarrung, ich hätte weinen müssen wie ein Kind – und vielleicht wäre alles ganz anders gekommen. Aber so blieben meine Tränen ungeweint – wie die Tränen vieler Männer.

Ja, ich hätte weinen mögen angesichts Deiner Liebe, die sich so schutzlos und rückhaltlos bekennen konnte. »Weil Du selbst nicht geliebt hast?« Du irrst Dich, Frau ohne Namen, auch ich habe geliebt. Aber meine Liebe blieb eingeschlossen, gefangen in meinem erstarrten Herzen. Weder Dein Mut war mir geschenkt noch die kindliche Anhänglichkeit eines Lieblingsjüngers, der sich einfach an Jesu Brust sinken ließ, noch die Großspurigkeit eines Petrus, der mit kecken Sprüchen auf sich aufmerksam machte. So zog ich mich mehr und mehr zurück, und sein Lächeln traf mich immer seltener. Oder war's vielleicht umgekehrt, daß mir mein eigenes Lächeln irgendwann erfror? Was blieb, war Haß, vor allem auf mich selbst, geschürt von Neid, Angst und quälender Eifersucht.

Wir Männer haben Rache an Dir genommen, Du unverschämt Liebende ohne Namen. Wir haben Dich – Verzeihung – zur Hure gemacht. Sonst wärest Du unweigerlich zur Heiligen aufgestiegen. Nicht Jesu Haupt hast Du in den späteren Evangelientexten (Lukas und Johannes) gesalbt, sondern seine Füße. Von prophetischer Königssalbung keine Spur. Auf dem Boden gekrochen bist Du vor ihm, ein armseliger Wurm. Die Künstler aller Zeiten konnten nicht genug davon bekommen, diese Szene in Farbe zu bannen: Du, die halbnackte Sünderin mit den unzüchtig offenen Haaren, die vor der Männergesellschaft am Boden kauert, in Tränen aufgelöst. Und nun der Gipfel unserer Rache. Da wir Dich einmal namenlos gemacht hatten, konnten wir frei über Dich verfügen. So haben wir Dich, hineinprojiziert in diese beschämende Situation (Lk 7,36–50), mit der großen Maria von Magdala gleichgesetzt, auch wenn sie in keiner dieser Szenen vorkommt. Aber was machte das schon? Die kirchliche Tradition hat fleißig mitgemalt an diesem Bild und mir willig in die Hände gearbeitet. Dadurch konnten wir gleich die zweite Frau liquidieren, die dem Herzen Jesu zu nahe kam. Erfolgreich, wie man weiß. Denn bis auf den heutigen Tag geistert in vielen frommen Häuptern hartnäckig das Phantom einer

Maria Magdalena als einer reuigen Sünderin, die Jesu Füße salbt: Heilige und Hure auf das wundersamste vereint. Rache nach Männerart.

Frau ohne Namen, Du und ich – welch ungleiches Paar. Dennoch nenne ich Dich Schwester. Wie Dich die Abwertungen der Männergesellschaft trafen, stellvertretend für alle Frauen, so trafen mich die Abwertungen der Christenheit, stellvertretend für alle Juden. Petrus durfte dreimal verleugnen, Johannes und Jakobus schliefen in Jesu schwerster Stunde sogar ein. Nur mich traf das Urteil des ewigen Verräters, der besser nicht geboren wäre. Mich, den Mann aus Kariot, der an seiner erstarrten Liebe zugrunde ging.

Dein Bruder in Christus
Judas

Silvia Becker

NICHT BESESSEN, NICHT VERKOMMEN, HEILIG

In der folgenden Zeit wanderte er von Stadt zu Stadt und von Dorf zu Dorf und verkündete das Evangelium vom Reich Gottes. Die Zwölf begleiteten ihn, außerdem einige Frauen, die er von bösen Geistern und von Krankheiten geheilt hatte: Maria Magdalene, aus der sieben Dämonen ausgefahren waren …

Lukas 8,1–2

Maria aber stand draußen vor dem Grab und weinte … Die Engel sagten zu ihr: Frau, warum weinst du? Sie antwortete ihnen: Man hat meinen Herrn weggenommen, und ich weiß nicht, wohin man ihn gelegt hat. Als sie das gesagt hatte, wandte sie sich um und sah Jesus dastehen, wußte aber nicht, daß es Jesus war. Jesus sagte zu ihr: Frau, warum weinst du? Sie meinte, es sei der Gärtner, und sagte zu ihm: Herr, wenn du ihn weggebracht hast, sag mir, wohin du ihn gelegt hast. Dann will ich ihn holen. Jesus sagte zu ihr: Maria! Da wandte sie sich ihm zu und sagte auf hebräisch zu ihm: Rabbuni!, das heißt: Meister. Jesus sagte zu ihr: Halte mich nicht fest, denn ich bin noch nicht zum Vater hinaufgegangen. Geh aber zu meinen Brüdern, und sag ihnen: Ich gehe hinauf zu meinem Vater und zu eurem Vater, zu meinem Gott und zu eurem Gott. Maria von Magdala ging zu den Jüngern und verkündete ihnen: Ich habe den Herrn gesehen. Und sie richtete aus, was er ihr gesagt hatte.

Johannes 20,11–18

Mein Gott, was haben sie nur aus mir gemacht? Sie – die Theologen, die Künstler, Maler, Dichter! Vielleicht ja auch Sie? Man ließ mir nur die Wahl zwischen Heiliger oder Hure. Gewiß, ich bin auf diese Weise geradezu prominent geworden; das kann nicht jede von sich sagen. Mehrere Dramen tragen meinen Namen, und die Kunst wäre ein Stück ärmer ohne mich. Aber ich frage mich: Bin das ich?

Als die große Sünderin bin ich in die Geschichte eingegangen. Die einen wollten an mir zeigen, daß der Weg des Sünders nicht zwangsläufig ins Verderben führt, sondern auch in die Bekehrung münden kann. Für sie war ich ein lebendiges Zeugnis dafür, daß jeder Mensch eine Chance hat. Das Mittelalter hat mich am liebsten als die abgehärmte Büßerin gesehen, die sich reuig von dieser Welt abkehrt und ins Einsiedlertum zurückzieht. Für die Barockzeit wurde ich als schöne Verführerin interessant. Sie kennen doch das berühmte Gemälde von Rubens? Ich halbnackt, ungebändigt, mit verführerischem Blick, eine Frau, die allen Normen der Gesellschaft widerspricht. Die Art meiner Verfehlung wurde nun nicht mehr diskret verschwiegen, sondern deutlich bekannt: eine Sünde »wider die Keuschheit des Leibes«. Man machte mich zur Dirne. Überrascht es Sie zu hören, daß sich die Schwestern vom Orden der heiligen Maria Magdalena damals der Besserung gefallener Mädchen widmeten? »Maria Magdalena« wurde nicht nur bei Friedrich Hebbel zum Inbegriff der moralisch anfechtbaren und geächteten Frau. Fürwahr ein Trauerspiel, das alles.

Wie es dazu kam? Es klingt geradezu banal: Ich bin das Produkt einer Verwechslung. Man hat mich einfach mit der Sünderin, die Jesus die Füße salbte, gleichgesetzt. Bei Lukas steht diese Geschichte unmittelbar zuvor. Bei Johannes heißt sie unglücklicherweise auch Maria, wie ich. Fertig war das Bild. Daß er damit die aus Betanien meinte, nahm man nicht so recht wahr – es paßte alles so gut zusammen, nicht zuletzt meine »Besessenheit«. Sieben Dämonen, dahinter konnte ja nur die Macht des Teufels stecken! Was interessierte

da schon, wer ich wirklich war. Nicht beses-
sen, nicht verkommen, krank war ich, schwer
sogar – psychosomatisch würde man das
heute wohl nennen. Jesus hat mich geheilt,
so wie viele andere. Diese Begegnung mit
ihm hat mein Leben völlig verändert. Ich
habe mich ihm angeschlossen, bin mit ihm
und seiner Schar durchs Land gezogen, um
das Reich Gottes zu verkünden. Ich konnte
gar nicht anders – ich hatte es schließlich am
eigenen Leib erfahren! Ich bin ihm nachgefolgt, als seine Jüngerin, zusammen mit anderen Männern und Frauen, die die gleiche
Erfahrung gemacht hatten wie ich. »Nachgefolgt« – das hört sich so harmlos an. Aber es
bedeutete die Aufgabe meiner bisherigen
Existenz, den Verzicht auf Heimat, Familie,
Besitz und Schutz. Ich habe all meine Zeit
und Kraft, all meine Fähigkeiten und mein
Geld in den Dienst meiner neuen Aufgabe
gestellt. Ich tat es gern, um der Gottesherr-
schaft willen und aus Liebe zu Jesus. Darum
hielt ich aus bis zuletzt, bis unters Kreuz, als
alles vergeblich schien. Die Jünger waren ja
alle weg, geflohen aus Angst, geflohen vor

dem Anblick des Kreuzes. Darum ging ich am Morgen nach dem Sabbat zum Grab, um ihn zu salben – das einzige, was ich noch tun konnte. Wundert es Sie da noch, daß er sich mir als erster gezeigt hat nach seinem Tod? War das nicht einfach der Ausdruck dessen, was uns verbunden hat? Als er mich mit Namen nannte, habe ich ihn erkannt. »Maria« – das war alles. Keine Erklärung, keine Belehrung über das, was Auferstehung heißt, schon gar keine Theologie. Stattdessen Begegnung, beim Namen gerufen werden. Und dann meine Antwort, die im Grunde alles sagt: »Rabbuni« – mein Meister, mein Lehrer, mein Freund. Diese Begegnung war für mich Ostern, die Wende vom Tod zum Leben. Ich suchte den Leichnam und begegnete dem Auferstandenen. Welche Freude nach der tiefen Trauer! Wie gern hätte ich ihn festgehalten, hier behalten – war das nicht das Nächstliegende in dieser Situation? Daß das nicht ging, mußte ich erst lernen. Jesus gab mir einen Auftrag: Ich sollte den anderen alles erzählen. Keine leichte Aufgabe. Wie das vermitteln, was Sprache nicht erfassen kann! Noch dazu zu einer Zeit, in der uns Frauen das Reden in der Öffentlichkeit nicht erlaubt war und unser Wort wenig galt. Und dennoch: Ich wurde zur Erstzeugin der Auferstehung. Daß der Auferstandene mir als erster erschienen ist, hatte auch Auswirkungen auf meine Stellung in der Gemeinde. Die Kirchenväter sagten es noch deutlicher: Apostola apostolorum. Klingt dieser Titel befremdlich in Ihren Ohren? Daß ich im eigentlichen Sinn Apostelin bin, hat man in der Tat regelrecht vergessen. Meist denkt man in diesem Sinn nur an Paulus. Aber wie sonst nennen Sie einen Menschen, der dem auferstandenen Jesus begegnet und von ihm ausgesandt wird, ihn weiterzuverkünden!? Genau das ist mir geschehen. Mir, der »biblischen« Maria von Magdala. Vielleicht sind Sie jetzt enttäuscht, vielleicht auch erleichtert. Bilder sind mächtig, ich weiß. Aber gerade deswegen lohnt es sich, mich kennenzulernen.

Sabine Pemsel-Maier

MARTA, ICH

Für meine Tochter Martha

Sie zogen zusammen weiter, und er kam in ein Dorf. Eine Frau namens Marta nahm ihn freundlich auf. Sie hatte eine Schwester, die Maria hieß. Maria setzte sich dem Herrn zu Füßen und hörte seinen Worten zu. Marta aber war ganz davon in Anspruch genommen, für ihn zu sorgen. Sie kam zu ihm und sagte: Herr, kümmert es dich nicht, daß meine Schwester die ganze Arbeit mir allein überläßt? Sag ihr doch, sie soll mir helfen! Der Herr antwortete: Marta, Marta, du machst dir viele Sorgen und Mühen. Aber nur eines ist notwendig. Maria hat das Bessere gewählt, das soll ihr nicht genommen werden.

Lukas 10,38–42

Als Marta hörte, daß Jesus komme, ging sie ihm entgegen, Maria aber blieb im Haus.

Marta sagte zu Jesus: Herr, wärst du hier gewesen, dann wäre mein Bruder nicht gestorben. Aber auch jetzt weiß ich: Alles, worum du Gott bittest, wird Gott dir geben. Jesus sagte zu ihr: Dein Bruder wird auferstehen. Marta sagte zu ihm: Ich weiß, daß er auferstehen wird bei der Auferstehung am Letzten Tag. Jesus erwiderte ihr: Ich bin die Auferstehung und das Leben. Wer an mich glaubt, wird leben, auch wenn er stirbt, und jeder, der lebt und an mich glaubt, wird auf ewig nicht sterben. Glaubst du das? Marta antwortete ihm: Ja, Herr, ich glaube, daß du der Messias bist.

Und Jesus ging zum Grab. Es war eine Höhle, die mit einem Stein verschlossen war. Jesus sagte: Nehmt den Stein weg! Marta, die Schwester des Verstorbenen, entgegnete ihm: Herr, er riecht aber schon, denn es ist bereits der vierte Tag. Jesus sagte zu ihr: Habe ich dir nicht gesagt: Wenn du glaubst, wirst du die Herrlichkeit Gottes sehen? Da nahmen sie den Stein weg.

Johannes 11,20–27. 38–41

Ach, Schwestern. Was für Bilder Ihr Euch von mir macht!

Im Hintergrund meines Namens hört Ihr Töpfeklappern, Ihr riecht den Küchendunst und Ihr seht die Frau: überarbeitet und vorlaut, verletzt und verletzend, unattraktiv und aufdringlich. Ihr seht *Marta, mich* – und meine Schwester Maria. Unser Geschwisterkonflikt ist in die Theologie hineingetragen worden, und die Tradition schlug sich auf die Seite Marias. Wohl wissend, daß die Sorge um das leibliche Wohlergehen doch nicht nachlassen würde, konnte man die Zarte, Sanfte, Stille zum Vorbild erheben. Dabei waren wir Schwestern für ein Frauenleben schon immer eine unrealistische Alternative. Denn im Lauf der Jahrhunderte mußte auch Maria den Platz zu Füßen Jesu für andere räumen, und das Frauenideal ist dann aus uns beiden gestrickt worden: Marias Sanftmut und ihr Willen, sich klein zu machen, verbunden mit *Martas, meiner* Tatkraft im Dienste anderer. Meine Gestalt aber ist verschwunden hinter dieser biblischen Geschichte. Viele hundert Jahre lang ist mein Name mit diesem Töpfeklappern und dem Küchendunst verbunden worden; man wollte mir meine irdischen Talente gar nicht absprechen, hat sie aber für minderwertig erklärt. Dabei wäre ich durchaus gern eine Marta, Schutzpatronin der portugiesischen Hausmädchen und mazedonischen Putzfrauen. Aber um sie zu beschützen, bräuchte ich mehr Macht und Mut, als Ihr mir zugesteht.

Ach, Ihr Frauen mit dem langen Leben hinter Euch, Ihr seht ein Bild von mir und zugleich ein Bild von Euch: nützlich aber minderwertig; Ihr Frauen, die Ihr nun ein eigenes Leben zu leben versucht, Euch bin ich peinlich; und Ihr ganz jungen Frauen mit dem Übermaß an Zukunft, Euch bin ich fremd.

Die andere biblische Geschichte, die über mich erzählt wird, ist ähnlich und doch ganz anders. Auch hier spiegelt sich die Erinnerung an Maria und mich, zwei Schwestern, die eine so, wie sie sein soll, die andere aktiv und vorlaut. *Marta, ich* bin es, die hinausläuft aus dem Haus, aus dem Dorf. Jesus entgegen, der sich Zeit gelassen hat und viel zu spät kommt – schon vier Tage ist der Bruder tot. Hier ist es *Marta, ich* bin es, die ihn anspricht, anfährt, anschreit. Die Provokation ist es vielleicht, die ihn zur Selbsterkenntnis und Selbstoffenbarung treibt und mich zum Messiasbekenntnis, einem Glaubensbekenntnis, das *Marta, mich*, an die Seite des Petrus stellt. Wieder ist es *Marta, ich* bin es, die sich nicht zufrieden gibt – diesmal mit dem Tod. Auch der übliche Trost, die Auferstehung am Letzten Tag, ist keiner, denn der Tod ist jetzt und darf nicht sein. Jesus und *Marta*, Jesus und *ich* haben erlebt, wie ein Wort das andere gibt, ruft, gebiert und nährt – bis zu einer Intensität wechselseitiger Erkenntnis, in der das *Ich bin* und das *Du bist* stärker sind als der Tod selbst.

Ach, Ihr Frauen mit dem langen Leben hinter Euch, bleibt nicht stumm; wir warten auf Euer Wort; Ihr Frauen, die Ihr Euer eigenes Leben zu leben versucht und dabei seid, wegzulaufen aus dem Haus, aus dem Dorf – achtet auf die Richtung, in die Ihr lauft: nicht nur weg, sondern auch entgegen. Und Ihr jungen Frauen mit dem Übermaß an Zukunft – laßt euch nicht überwältigen von dem ersten Tod, der Euch begegnet: Werdet traurig und zornig und kämpft um das Leben.

Eine dritte Geschichte wird nun über mich erzählt, eine Geschichte, die viel weniger Wahrheit enthält als die ersten beiden und dennoch die wahre Geschichte ist: »Wider den Drachen zog Sancta Marta, denn das Volk bat sie. Sie fand ihn im Wald, wo er einen Menschen fraß.« Eine abenteuerliche Geschichte, denn hier ist alles anders. Eigentlich hat der Drache die Jungfrauen zu fressen und der Held reitet herbei zu deren Errettung. *Marta, ich* bin aber nun nicht das Opfer, sondern was mein Name bedeutet: die Herrin. Daß der Drache traditionellerweise Jungfrauen zu fressen hat, kommt nicht von ungefähr: Der apokalyptische Drache, das Tier aus dem Abgrund, das Schlan-

genungeheuer ist unser Traum-Bild für das
Böse, das Chaos. In einer sauber eingeteilten
Welt steht das Traum-Bild des Drachen auf
der Seite, auf der auch die Frauen stehen, auf
der Seite, von der aus das Chaos die Ordnung bedroht, die Natur die Kultur, das
Fleisch den Geist und die Frau den Mann. In
dieser Marta-Geschichte droht sich nun die
saubere Einteilung der Welt aufzulösen. Es
ist *Marta, ich* bin es, die auszieht, um den
Drachen zu besiegen. Der Sieg aber hat ein
anderes Gesicht als die Siege der bekannten
drachentötenden Ritter: Das Untier wird
nicht vom Pferd herab mit der Lanze durch-
bohrt und zerstört. *Marta, ich* nehme meinen
Gürtel ab – Zeichen meiner Reinheit und
Ganzheit – und führe das mit Weihwasser
und Kreuz gezähmte Tier an der improvi-
sierten Leine zurück in die Stadt.

Ach, Ihr Frauen mit dem langen Leben hinter Euch; genügend Drachen habt Ihr schon
gezähmt: Erzählt uns davon; Ihr Frauen, die
Ihr nun ein eigenes Leben zu leben versucht,
haltet nicht fest an dem Traum, es möge ei-

ner kommen und Euch erretten: Sucht selbst Euren Drachen; und Ihr ganz jungen Frauen mit dem Übermaß an Zukunft, entwerft ein neues Leben, in dem Ihr groß und stark und mutig seid, ohne zu zerstören.

Und nun fragt Ihr, wer *ich, Marta*, wirklich war und bin. Hinter all den Geschichten bin ich, Schwestern, Gott weiß wer. Wie Ihr.

Regina Ammicht-Quinn

ROSENKRANZGESÄTZ
VOM TRAGEN GOTTES

Als er das sagte, rief eine Frau aus der Menge zu ihm: Selig die Frau, deren Leib dich getragen und deren Brust dich genährt hat. Er aber erwiderte: Selig sind vielmehr die, die das Wort Gottes hören und es befolgen.

Lukas 11,27–28

Gegrüßet seist du Maria, voll der Gnade, der Herr ist mit dir. Du bist gebenedeit unter den Frauen und gebenedeit ist die Frucht deines Leibes, Jesus, den du zu Elisabet getragen hast.

Liebe ist die Frucht der Freiheit, so will es zumindest das geflügelte Wort. Und so wird auch ein Kind der Liebe nur ein Kind der Freiheit sein. Aber welcher Freiheit? Die des Alles-tun-und-lassen-Könnens? Die der Lust und der Laune? Die des Hier-und-Jetzt? Oder einer Freiheit, die aus dem Loslassen wächst; einer, die sich erst einstellt, wenn ein Kampf gekämpft ist, der gewonnen, aber auch verloren werden kann; einer Freiheit, die den Weg nicht kennt, nicht einmal den nächsten Schritt weiß, nur weiß, daß er getan werden muß und getan werden wird. Liebe ist die Frucht jener Freiheit, die teilen kann. Wie sonst könnte etwas wachsen, das nicht uns selber gehört, obwohl es uns anvertraut ist? Wie anders könnte eine Frau sich aufmachen, um über den Berg zu gehen durch das finstere Tal, wenn sie nicht angetrieben würde von dem Wunsch zu teilen, was sie in Leib und Seele unwiderruflich berührt? Nicht allein die Stärke und den Mut zum Wagnis gilt es zu teilen, sondern auch die Schwäche, die Angst vor den Schatten aus der Dunkelheit, dem Bösen aus der Tiefe, der schreienden Einsamkeit.

Ein Kind zu Elisabet tragen – gebenedeit.

Gegrüßet seist du Maria, voll der Gnade, der Herr ist mit dir. Du bist gebenedeit unter den Frauen und gebenedeit ist die Frucht deines Leibes, Jesus, den du nach Betlehem getragen hast.

Am Ende ist es eine mühsame Schlepperei. Die Leiber meiner Freundinnen und Töchter, der Schwestern und Mütter tauchen vor mir auf, wenn sie nahe daran sind, das Kind zu gebären. Jeder Stuhl ist willkommen, jede Möglichkeit auszuruhen. Ein Kind zu schleppen in unruhigen Zeiten, zur Volkszählung und nach Betlehem, ist Knochenarbeit. Wer tut das schon freiwillig? Und: Wieviele müssen es tun? Auf der Flucht, von fremdem Willen oder fremder Willkür getrieben, herausgestoßen aus dem eigenen Haus. Dabei ist eine Geburt nicht *eine* Geburt. So viele Geburten begleiten sie. Die Mutter gebiert das Kind, das Paar die Familie, die Frau sich selber als Mutter ganz neu. Und auch: Die Qual gebiert das Leben, das Dunkel das Licht, der Schmerz das Glück, das Ende neues Leben und endlich den Tod. Wozu, wenn nicht am Ende das Leben doch siegt? Ein Kind nach Betlehem tragen – gebenedeit.

Gegrüßet seist du Maria, voll der Gnade, der Herr ist mit dir. Du bist gebenedeit unter den Frauen

und gebenedeit ist die Frucht deines Leibes, Jesus,
den du in den Tempel getragen hast.

Das Leben fordert sein Recht, der Alltag, der
Kult, die Sitten, die anderen. Und ich selber?
Was fordert in mir sein Recht, mein Recht?
Ist es nur das, was recht und billig ist, weil es
schon immer war, das, was nicht ich bin,
sondern was ich zusammen mit den anderen
bin? Ohne sie, ohne die Stützen von Alltag
und Festtag, Kultur und Politik, Beruf und
Familie, Religion und Erziehung, geht es
nicht. Aber ich, wem und was und wo hinein
gebe ich mich? Im Tempel wartet das Ge-
wohnte und wartet die Prophezeiung. Das
Wort klingt nach: Selig, die geglaubt hat, was
der Herr ihr sagen ließ. Wenn der Tag
kommt, der vorgeschrieben ist nach meinem
eigenen inneren Gesetz, dann erst kann das
Gesetz erfüllt werden, das Heil geschaut, der
Tod eingebunden und überwunden werden.
Nicht früher, nicht später, zur rechten Zeit.
Dann ist Auslösung, Heil, gesegnete Zeit.
Ein Kind in den Tempel tragen – gebenedeit.

Gegrüßet seist du Maria, voll der Gnade, der Herr ist mit dir. Du bist gebenedeit unter den Frauen und gebenedeit ist die Frucht deines Leibes, Jesus, den du auf Händen getragen hast.

Wie verführerisch: auf den Händen zu tragen oder getragen zu werden. Mein Fuß stößt an keinen Stein, keine Steigung macht mir zu schaffen, alles geht so leicht für mich selber und so schwer für den und für die, die tragen. Auch für sie gibt es etwas zu holen: sie dürfen tragen, sie sind es wert, auf sie ist man angewiesen. Welch süßes Gift, das fußlahm macht und erleichtert, stark werden läßt und die Knochen verbiegt. Ich bin eine Last und will es sein. Ich hocke auf dem Bukkel von anderen und schnüre ihnen die Luft zum Atmen ab. Ich bin eine Last und will es sein. Sollen sie doch spüren, daß es mich gibt, sollen sie sich doch erst verdienen, auf was sie jetzt schon schielen, sollen sie doch. Ich bin eine Last und darf es sein, weil ich mich selber nicht mehr tragen, ertragen kann. Ich bin eine Last und darf es sein, weil ein anderer mich tragen kann. Ich bin eine

Last und darf es sein, weil du sagst: Ich trage dich. Mach dich schwer. Laß dich spüren, wirf dich ab, mach dich los und laß dich fallen. Recht wenn du sagst: damit du wieder zu Kräften kommst.
Auf den Händen tragen und getragen werden – gebenedeit.

Gegrüßet seist du Maria voll der Gnade, der Herr ist mit dir. Du bist gebenedeit unter den Frauen und gebenedeit ist die Frucht deines Leibes, Jesus, den du zu Grabe getragen hast.

Welch entsetzliches Bild: die Mutter mit dem toten Sohn. Tonloser, trostloser, erstarrter Schrei. Mater dolorosa, Mutter voll Schmerz. Angefangen im Schmerz der Geburt, zu Ende gekommen im Schmerz des Todes, welch unwürdiger Tod. Du wiegst ihn wie ein Kind, wie das Kind, das er war und bleibt. Die vertraute Bewegung stockt, das bleischwere Gewicht ist neu, die schleichende Kälte tief aus dem Leib. Mater dolorosa, Mutter der Schmerzen. Alle Mütter der Welt wiegen in dir ihre eigenen Kinder, die

alten und die jungen, die zerfetzten und die unversehrten, die ohne Augen, Ohren und Hirn, die vollendet schönen, die ungeborenen und die, die gerade noch atmeten, alle. Das Grab – ein neuer Mutterschoß, Höhle des Todes, Höhle des Lebens. Neues Leben nach der Verkündigung einer Frau. Mit Namen gerufen Maria, so wie du, auch die aus Magdala, zur Schwester geworden, wenn du sie Schwester werden läßt.
Leben zu Grabe tragen – gebenedeit.

Gegrüßet seist du Maria, gebenedeit dein Leib. Gegrüßet seist du Maria – voll der Gnade, gebenedeit deine Brust. Gegrüßet seist du Maria, gebenedeit du ganz. Und gebenedeit ist die Frucht deines Leibes, Jesus, den du zu uns getragen hast.

Aurelia Spendel

DIESE TOCHTER ABRAHAMS

Am Sabbat lehrte Jesus in einer Synagoge. Dort saß eine Frau, die seit achtzehn Jahren krank war; ihr Rücken war verkrümmt, und sie konnte nicht mehr aufrecht gehen. Als Jesus sie sah, rief er sie zu sich und sagte: Frau, du bist von deinem Leiden erlöst. Und er legte ihr die Hände auf. Im gleichen Augenblick richtete sie sich auf und pries Gott. Der Synagogenvorsteher aber war empört und sagte: Sechs Tage sind zum Arbeiten da. Kommt also nicht am Sabbat! Der Herr erwiderte ihm: Ihr Heuchler! Bindet nicht jeder von euch am Sabbat seinen Ochsen oder Esel von der Krippe los und führt ihn zur Tränke? Diese Tochter Abrahams, die der Satan schon seit achtzehn Jahren gefesselt hielt, sollte am Sabbat nicht befreit werden dürfen? Durch diese Wort wurden seine Gegner beschämt; das Volk aber freute sich über all die großen Taten, die er vollbrachte.

Lukas 13,10–17

Der Gottesdienst hat schon angefangen. Ich komme wieder zu spät, kann nur langsam gehen. Und einen Umweg habe ich gemacht, als ich die Nachbarinnen sah. Ich bin kein schöner Anblick. Sie machen einen Bogen um mich, vermeiden es, mich anzusprechen.

Doch jetzt bin ich hier – unter den anderen Gläubigen. Natürlich kann ich nicht sehen, was vorne beim Synagogenvorsteher vor sich geht. Klein bin ich geworden, ein Nichts. Sogar zu Hannas Kindern muß ich hochschauen, wenn ich ihnen ins Gesicht sehen will. Und wie der Nacken schmerzt, wenn ich versuche, mich ein wenig aufzurichten!

Ein Rabbi Jeschua aus Nazaret soll heute die Schrift auslegen. Man sagt, er lehre machtvoll und treibe sogar Dämonen aus. Eine fremde Stimme … Ob er das ist?

Ich bin ja nicht die einzige. Bei Orpa fängt es auch schon an, und Mutter war ganz gekrümmt, als sie starb. Nichts Besonderes. Man kommt zurecht. Meine Tochter hat die Erlaubnis, mir täglich etwas Gerste oder ein paar Feigen zuzustecken, weil ich nicht mehr arbeiten kann. Aber diese Schmerzen, achtzehn Jahre schon, und diese Bitterkeit …

»Mara!« Hat er meinen Namen gerufen? Meint er mich? »Komm zu mir, Mara!« Die anderen treten zur Seite und schauen zu mir herunter. Wie kann das sein, daß der Rabbi mich gesehen hat, hier unter den Frauen, kleiner als alle anderen? Er muß nach meinem Namen gefragt haben. Warum?

Ich gehe. Ich gehe durch die Gasse der Frauen. Ich gehe in den Bereich der Männer. Sie treten zurück, machen mir Platz. Da, neben dem Vorlesepult, das muß er sein. Er kommt auf mich zu und macht sich klein. Ich sehe in sein Gesicht. Er sagt zu mir: »Frau, du bist gelöst von deiner Krankheit.« Dann steht er und legt mir die Hände auf. Ich schmiege mich in seine Hände und – stehe. Ich stehe aufrecht! Halleluja! Halleluja! Oh mein Gott! Lobet ihr Knechte des Herrn, lobet den Namen des Herrn – ich kann aufrecht stehen! Der Name des Herrn sei gepriesen von nun an bis in Ewigkeit … Wer gleicht dem Herrn, unserem Gott, der den

Schwachen aus dem Staub emporhebt und den Armen erhöht, der im Schmutz liegt! Ich stehe mit erhobenen Händen, weine und lache, und auch Rabbi Jeschua lacht. Welche Freude! Der Synagogenvorsteher schimpft mit uns, mit mir. Wer sich am Sabbat heilen läßt, entweiht den Sabbat! Aber ich wußte nicht … Nie hätte ich gedacht … Der Rabbi weist ihn zurecht: »Diese Tochter Abrahams – muß sie nicht gerade am Tage des Sabbat von ihrer Fessel gelöst werden?« Wie meinst du das, Rabbi Jeschua: Wenn dieser Tag heilig ist, dann muß an ihm geschehen, was heilig ist vor Gott – daß die hoffnungslos gekrümmte alte Mara aufgerichtet wird? So viel liegt Gott daran, daß ich lache und glücklich bin?

CHOR DER GEKRÜMMTEN FRAUEN

Achtzehn Jahre war ich gut genug,
ihm Heimat zu geben, ihm Mut zu machen.
Jetzt ist er »oben« und braucht eine Jüngere,
mit deren Schönheit er sich schmücken kann.
Achtzehnmal vergewaltigt,
bis ich schwanger wurde
mit dem Kind des Mörders,
der mein Dorf verwüstet, meine Verwandten
geschlachtet hat.
Achtzehn Talente bekam ich von Gott:
zu hören, zu lehren, zu feiern, zu trösten,
doch: Ich bin eine Frau.
Da lassen sie lieber eine Gemeinde verkümmern,
als meine Talente anzunehmen.

verlassen vernichtet vergraben verbraucht
gesehen gerufen gelöst und gesegnet

gesehen – wenn wir uns nicht verstecken
gerufen – wenn wir uns nicht verschließen
gelöst – wenn wir der Heilung entgegengehen
gesegnet – wenn wir die Liebe annehmen

Irmgard Kampmann

GIB MIR ZU TRINKEN!

Daraufhin verließ Jesus Judäa und ging wieder nach Galiläa. Er mußte aber den Weg durch Samarien nehmen. So kam er zu einem Ort in Samarien, der Sychar hieß und nahe bei dem Grundstück lag, das Jakob seinem Sohn Josef vermacht hatte. Dort befand sich der Jakobsbrunnen. Jesus war müde von der Reise und setzte sich daher an den Brunnen; es war um die sechste Stunde. Da kam eine samaritische Frau, um Wasser zu schöpfen. Jesus sagte zu ihr: Gib mir zu trinken! Seine Jünger waren nämlich in den Ort gegangen, um etwas zum Essen zu kaufen. Die samaritische Frau sagte zu ihm: Wie kannst du als Jude mich, eine Samariterin, um Wasser bitten? Die Juden verkehren nämlich nicht mit den Samaritern. Jesus antwortete ihr: Wenn du wüßtest, worin die Gabe Gottes besteht und wer es ist, der zu dir sagt: Gib mir zu trinken!, dann hättest du ihn gebeten, und er hätte dir lebendiges Wasser gegeben. Sie sagte zu ihm: Herr, du hast kein Schöpfgefäß, und der Brunnen ist tief; woher hast du also das lebendige Wasser? Bist du etwa größer als unser Vater Jakob, der uns den Brunnen gegeben und selbst daraus getrunken hat, wie seine Söhne und seine Herden? Jesus antwortete ihr: Wer von diesem Wasser trinkt, wird wieder Durst bekommen; wer aber von dem Wasser trinkt, das ich ihm geben werde, wird niemals mehr Durst haben; vielmehr wird das Wasser, das ich ihm gebe, in ihm zur sprudelnden Quelle werden, deren Wasser ewiges Leben schenkt. Da sagte die Frau zu ihm: Herr, gib mir dieses Wasser, damit ich keinen Durst mehr habe und nicht mehr hierher kommen muß, um Wasser zu schöpfen.

Johannes 4,3–15

JESUS
verläßt Judäa und will nach Galiläa,
verläßt den Ort theologischer Streitgespräche
und will an den Ort der Bilder
und des Erzählens.
Hält inne in der Fremde, an der Grenze,
auf der Schwelle,
hält am Brunnen – allein.
Vertraut mit Befremdung, vertrauend in die
Fremdheit
geht er ins Ausgegrenzte hinein.

Ich verlasse einen Ort, der mir nicht mehr
den Durst löscht.
Ich will gehen, verlassen, durchqueren,
durchkommen, kommen.
Wo bin ich jetzt?

SAMARITERIN
verließ längst den geraden Weg des Üblichen
und Gewohnten,
geht ihren Weg,
geht zum Brunnen – allein.
Fremd im Vertrauten,
befremdend für Vertraute
ging sie aus Begrenzungen heraus.

Ich lebe an einem Ort, der mir Fremde
und Heimat ist.
Ich will meinen Weg suchen, neugierig,
eigenwillig, sinnsuchend.
Was suche ich jetzt?

BRUNNEN
Wasser in der Tiefe, Quelle, die schon
immer fließt.
Heilige Quelle, Heiliger Boden,
Ort der Begegnung, Ort der Frauen.
Stein und Wasser – fest und fließend.

Ich steige in meinen Brunnen hinab,
entdecke meine Brunnentiefe.
Ich suche Schöpfstellen im Alltag, für den
schnellen Schluck der Kräftigung.
Bin ich etwa der Brunnen?

BEGEGNUNG
Gib mir zu trinken!
Wie kannst du mich bitten?
Wenn du wüßtest, wer ich bin?
Wer bist du?
Ich habe eine lebendige Quelle!
Gib mir zu trinken!

Wer du bist?
Du siehst mich!
Ich weiß den Messias!
Ich bin es.

Beide sind Brunnen und suchen
den Brunnen.
Die Begegnung der beiden läßt lebendiges
Wasser fließen.

Ich dir? Du mir?
Ich werde dich sehen! Ich werde dich
anschauen! Ich zeige mich dir!
Du wirst mich sehen! Du wirst mich
anschauen! Du zeigst dich mir!

Claudia Nietsch-Ochs

ICH DENKE OFT AN DIESEN MANN

Da brachten sie eine Frau und stellten sie in die Mitte und sagten zu ihm: Meister, diese Frau wurde beim Ehebruch ertappt. Mose hat uns im Gesetz vorgeschrieben, solche Frauen zu steinigen. Nun, was sagst du? Jesus aber bückte sich und schrieb mit dem Finger auf die Erde. Als sie hartnäckig weiterfragten, richtete er sich auf und sagte zu ihnen: Wer von euch ohne Sünde ist, werfe als erster einen Stein auf sie. Und er bückte sich wieder und schrieb auf die Erde. Als sie seine Antwort gehört hatten, ging einer nach dem andern fort, zuerst die Ältesten. Jesus blieb allein zurück mit der Frau, die noch in der Mitte stand. Er richtete sich auf und sagte zu ihr: Frau, wo sind sie geblieben? Hat dich keiner verurteilt? Sie antwortete: Keiner, Herr. Da sagte Jesus zu ihr: Auch ich verurteile dich nicht. Geh und sündige von jetzt an nicht mehr!

Johannes 8,3–11

Blicke, verstohlene, so fing es an. Nie hätte ich mir das träumen lassen: Ehebruch. Schrecklich. Und doch – alle tun's: Jeden Sommer erwischen sie sie draußen auf den Feldern, die Alten genauso wie die Jungen. Was soll's? Ja, ich habe die Ehe gebrochen und es tut mir nicht leid. Ein bißchen Spaß. So schnell vorbei. Eigentlich schade um die schöne Zeit. Oder ob es wohl heißen muß: Schade um die schönen Zeiten? Denn auch die mit meinem Mann waren nicht schlecht, jedenfalls am Anfang nicht. Jung verliebt, heißes Blut. Da geht es schnell mit der Liebe. Na ja, vorbei. Der Ehealltag eben, Gefühle verbrauchen sich. Die Kinder, das Haus und die Alten. Jeder Tag ein Kreuz. Ruckzuck verheiratet, ruckzuck die Familie, ich bin dabei verflogen. Einfach weg, was ich einmal wollte, wohin ich mich sehnte – einfach weg. Es fällt einem erst auf, wenn der Trott ein Loch bekommt. Die Gelegenheit war so plötzlich da; auch wieder kaum Zeit zum Überlegen. Hätte ich es getan, wenn ich mehr Zeit zum Nachdenken gehabt hätte? Wer weiß? Wenn man nur noch die Putzfrau ist und der andere einem schöne Augen macht? Ach, das Leben kam zurück. Meine Schönheit war wieder da, die Lebenslust, die Freude am Lachen, am Drehen und Wenden, an der Sehnsucht und dem Lauern, ob er wohl kommt. Endlich wieder ein Gefühl, attraktiv, aufregend, begehrenswert. Einfach wieder jung sein. Alles geht schneller, kein Eimer ist zu schwer, kein Mühlstein zu lahm, kein Nachbar zu blöde. Hätten sie uns doch nicht erwischt. Die Schande, die Schande. Wenn ich an das Gezeter denke. Keiner wird sich zurückhalten. Wer den Schaden hat, braucht für den Spott nicht zu sorgen. Aber Vorsicht: Ich weiß von jedem etwas, das besser nicht gesagt würde. Ich kenne euch. Wartet: Ich gebe es euch zurück. Aber irgendwie mußte es ja ein Ende nehmen. Schal wird jedes Abenteuer, wer wüßte das nicht. Auch mit ihm wurde es banal, Gewohnheit, langweilig. Wenn nicht jetzt, dann später. Ist er eigentlich verheiratet? Nie danach gefragt, was interessiert mich eine Frau, die ich nicht kenne, eine, die ihren Mann nicht halten kann, eine aus Samaria vielleicht, da aus der

Nähe kommt er doch her. Also keine schönen Augen mehr, kein »Komm!«, sowieso zu schnell für mich, fast jedesmal.

Und jetzt geht's mir zu langsam. Dieser da kommt nicht vom Fleck, schreibt und schreibt in den Sand. Was soll dabei herauskommen? Was sieht er da? Niemand wird heute mehr wegen Ehebruch gesteinigt. Die Zeiten sind vorbei. Das war einmal. Außerdem – was hätten sie da alles zu tun! Keine wirkliche Gefahr. Also, was soll das? So quälend langsam schaut er. Kein schneller Blick, zu nah, zu intensiv. Schau weg, Rabbi, schau weg. Meine Geschichte geht dich nichts an. Was weißt du schon vom Leben? Ziehst durchs Land, hast nichts, bist ein Unruhestifter. Schau weg! Mußt du dich sorgen um jeden Tag: die Alten ertragen, was wird aus den Kindern? Die ewigen Sorgen, kein Ende, das Leben so träge, schwer wie Blei. Ist da ein bißchen Abwechslung verboten? Ihr habt sie doch dauernd: Männer. Frei, wenn ihr den Römern keinen Ärger macht. Die Steuern, na gut. Aber für die schuften wir ja schließlich auch. Keine Schwangerschaft, im Ernstfall will es keiner gewesen sein. Du schleppst dich nicht ab, hast doch tausend Frauen um dich herum, die dir jeden Wunsch von den Augen ablesen. Weiber, zuviel Geld, zuviel Zeit. Laß mich in Ruhe mit deinem Blick. Schau an, wen du willst, aber nicht mich. Ich bin nicht mehr schön. Hier gibt's nichts zu sehen. Nur eine Frau, die sie beim Ehebruch ertappten – ich werde traurig, wenn du so schaust. Trauer, nur Trauer. So schade, das alles, es gibt keine Träume mehr. Meine sind tot. Alles ist so klein geworden, so dumpf. Ach, Rabbi, was soll ich nur tun?

Er schaute mich erst an, als wir alleine waren. Diesen Blick vergesse ich nicht. Noch nach so vielen Jahren brennt er in mir, sehe ich ihn. Den Blick und die Worte. Oh Gott, was habe ich getan! Nur mich selber hatte ich aufgegeben, mich selber zerschnitten zwischen den beiden Männern. Wie konnte ich so kurzsichtig sein. Was ein Blick alles sehen kann!

Auch ich hab sehen gelernt – manches, was ich nie vermutet hatte. Ich war blind für das Gute genauso wie für das Schlechte. Mein Mann hat alles ertragen, was nach dem Vorfall kam. Tausendmal hätte er das Recht gehabt, mich wegzuschicken. Meine eigene Mutter hat es nicht verwinden können. Erst sehr viel später wußte ich, warum: Es war auch ihre Geschichte, die sie sich selber nicht vergab. Wir mußten Jerusalem verlassen, es wäre nicht mehr gegangen. Fort von zu Hause hatte ich Zeit, über den Rabbi nachzudenken, über mich. Zeit ist mir so wichtig geworden, ich habe nicht mehr viel davon.

Sie reden von Auferstehung. Ob man das glauben soll? Aber es gibt so viel unter Gottes Sonne.

Sie sagen: der HERR ist auferstanden. Vielleicht so wie ich, als er mich nach Hause schickte. Schwer war's, kein leichter Weg. Ist es so gemeint?

Auferstehung – ich denke oft an diesen Mann. Manchmal schreibe ich jetzt selber in den Sand. Und immer ist es derselbe Satz.

Wenn unsere Wege sich kreuzen,
weich nicht aus.
Schau mich an,
denn wir sind allein.

Aurelia Spendel

VOM TOD ZUM LEBEN

Als die sechste Stunde kam, brach über das ganze Land eine Finsternis herein. Sie dauerte bis zur neunten Stunde. Und in der neunten Stunde rief Jesus mit lauter Stimme: Eloï, Eloï, mein Gott, mein Gott, warum hast du mich verlassen? Einige von denen, die dabeistanden und es hörten, sagten: Hört, er ruft nach Elija! Einer lief hin, tauchte einen Schwamm in Essig, steckte ihn auf einen Stock und gab Jesus zu trinken. Dabei sagte er: Laßt uns doch sehen, ob Elija kommt und ihn herabnimmt. Jesus aber schrie laut auf. Dann hauchte er den Geist aus.

Auch einige Frauen sahen von weitem zu, darunter Maria aus Magdala, Maria die Mutter von Jakobus dem Kleinen und Joses, sowie Salome; sie waren Jesus schon in Galiläa nachgefolgt und hatten ihm gedient. Noch viele andere Frauen waren dabei, die mit ihm nach Jerusalem hinaufgezogen waren.

Markus 15,33–40

Drei Frauen begegnen uns als Zeuginnen des Todes Jesu: Maria aus Magdala, Maria, die Mutter von Jakobus dem Kleinen und Joses, und Salome. Sie halten sich abseits. Dennoch sind sie keineswegs unbeteiligte Beobachterinnen.

Die Frauen sind Jüngerinnen; sie haben sich auf Jesus eingelassen und sind mit ihm gezogen; sie haben ihm gedient, d.h. wohl auch, ihn materiell unterstützt. Und sie gingen mit ihm, als er sich auf den Weg nach Jerusalem machte: sie haben verstanden, daß die Zugehörigkeit zu Jesus kein Sonntagsspaziergang ist, sondern Nachfolge bis hin zum Kreuz bedeutet.

Genau an diesem Punkt sind sie nun angekommen: Sie haben Jesu Weg nach Golgota begleitet. Als einzige aus der Jüngerschar halten sie den Anblick des Gekreuzigten, des so offensichtlich gescheiterten Jesus aus. Sie sind mit ihm den Weg vom Leben zum Tod gegangen. Das ist ihr Bekenntnis. Und was soll jetzt werden?

Der Evangelist berichtet von der Grablegung Jesu, um die sich der fromme Ratsherr

Josef von Arimathäa kümmert. Auch hier treffen wir die Frauen wieder, auch wenn diesmal nur von den beiden Marien die Rede ist. Sie werden Zeuginnen des Begräbnisses, das in Eile stattfindet, weil mit dem Abend der Sabbat hereinbricht und es als Schande gelten würde, wenn der Leichnam über den Feiertag unbestattet bliebe. Warum aber schauen die Frauen, wo Jesus begraben wird? Es scheint, als hätten sie noch etwas Bestimmtes vor. Davon berichtet Markus im letzten Kapitel seines Evangeliums: *Als der Sabbat vorüber war, kauften Maria aus Magdala, Maria, die Mutter des Jakobus, und Salome wohlriechende Öle, um damit zum Grab zu gehen und Jesus zu salben* (Mk 16,1). Merkwürdig: Wie wollen die Frauen einen bereits bestatteten, in Leinentücher gewickelten Leichnam salben? Wollten die Frauen dem Verstorbenen einen letzten Dienst erweisen, indem sie etwas für die Erhaltung des Körpers tun? Das Tun der Frauen verweist zurück auf den Anfang der Leidensgeschichte:

Dort ist schon einmal von der Salbung Jesu die Rede: *Als Jesus in Betanien, im Haus*

Simons des Aussätzigen bei Tisch war, kam eine
Frau mit einem Alabastergefäß voll echtem, kost-
barem Nardenöl, zerbrach es und goß das Öl über
sein Haar (Mk 14,3–9). Was die namenlose
Frau tut, erregt Aufsehen. Jesus selbst deutet
das Geschehen und nimmt die Angegriffene
gegen die Kritiker in Schutz: Die Frau habe
ein gutes Werk an ihm getan. Denn: *Sie hat*
im voraus meinen Leib für das Begräbnis gesalbt.
Jesus deutet also das Geschehen als Voran-
kündigung seines Todes und als Vorwegnahme der Totensalbung. Das haben die
Kritiker der Frau nicht verstanden, und so
blieb ihnen auch der Sinn verborgen, daß in
diesem Geschehen Verkündigung der Frohen Botschaft geschieht: Mit der Salbung
Jesu zum Tod weist die Frau indirekt auf die
Auferstehung und damit auf die Frohe Botschaft vom lebendigen und lebenschaffenden
Gott hin. *Deshalb* wird man sich ihrer erinnern, wo immer das Evangelium verkündet
wird.

Die namenlose Frau weist den Weg vom
Tod zum Leben, sie gehört auf ihre Weise zu
den drei Frauen hinzu, die sich am ersten

Tag der Woche auf den Weg zum Grab Jesu begeben.

Das Neue, das die Frauen dort erwartet, nimmt sie ganz in Beschlag: Unterwegs fragen sie sich, wie sie den schweren Stein, der die Grabhöhle verschließt, überwinden werden. Als sie hinkommen, sehen sie, *daß der Stein schon weggewälzt war.* Diese Formulierung umschreibt göttliches Handeln, weist hin auf die unglaubliche Botschaft: Der junge Mann, der Gottesbote, verkündet ihnen das Entscheidende: Jesus, den ihr sucht, ist nicht hier – er ist auferstanden – sagt es den Jüngern – geht nach Galiläa, dort werdet ihr ihn sehen.

Die Frauen, die gekommen waren, um den Toten zu salben, fassen es nicht. Sie fliehen aus dem Grab und hüllen sich in Schweigen. Das Schweigen ist ein wichtiges Motiv im Markus-Evangelium: Jesus hat denen, die er geheilt hat oder die Zeugen eines wunderbaren Geschehens wurden, oft eingeschärft: Sagt niemand etwas davon! In der Geschichte von der Verklärung hatte Jesus den Aposteln, die mit ihm auf dem Berg waren, verboten, *irgend jemand zu erzählen, was sie gesehen hatten, bis der Menschensohn von den Toten auferstanden sei* (Mk 9,9).

Jetzt ist es soweit: Mit der Auferstehungsbotschaft erhalten die Frauen den Auftrag: *Geht und sagt es seinen Jüngern!* – Doch die Furcht verschließt ihnen den Mund – kein Osterjubel, kein Halleluja! Mit der Spannung zwischen der Osterbotschaft und dem Unvermögen der Frauen, die Frohe Botschaft anzunehmen, endet das Markus-Evangelium.

Die Frauen stehen an der Schwelle und können sie noch nicht überspringen. Sie müssen zurück nach Galiläa, in ihre Heimat. In der Welt, aus der sie mit Jesus aufgebrochen sind, werden sie dem Auferstandenen begegnen. Aber sie müssen sich selbst auf den Weg machen, ihre Furcht überwinden und von neuem aufbrechen. Erst dann wird die Lebensbotschaft von der Auferstehung in ihr Leben eindringen und es verändern, so daß sie reden können. Noch stehen sie vor dem leeren Grab: an der Schwelle vom Tod zum Leben. Der Stein ist weggewälzt. Der Eingang ist frei, aber er öffnet den Zugang zu einem Geheimnis, dem wir uns nur im Glauben anvertrauen können.

Wir – denn stehen wir nicht immer wieder genau da, wo die Frauen am Ostermorgen in Furcht erstarrt und verstummt sind? Vor der Frohen Botschaft von der Auferstehung, die uns einlädt, zu glauben und diesen Glauben weiterzusagen, damit wir und alle anderen zurückgehen nach Galiläa, nach Hause, in unseren Alltag, und dort Jesus begegnen. Das Evangelium bietet uns diese Botschaft an. Wir dürfen sie ergreifen und den Schritt des Glaubens jenseits allen Begreifens wagen.

Marianne Heimbach-Steins

DIE AUTORINNEN

PD Dr. Regina Ammicht Quinn, Frankfurt/M., geb. 1957, Theologin und Germanistin, Privatdozentin für Theologische Ethik am Interfakultären Zentrum für Ethik in den Wissenschaften, Tübingen; Mitglied der Theologischen Kommission des KDFB, verheiratet, zwei Kinder.

Dr. Silvia Becker, Düsseldorf, geb. 1958, Philosophin, Theologin und Journalistin, verantwortliche Redakteurin „Die Mitarbeiterin", Düsseldorf.

Prof. Dr. Margit Eckholt, Tübingen/Benediktbeuern, geb. 1960, Mitglied der Theologischen Kommission des KDFB und von AGENDA – Forum katholischer Theologinnen e. V., Professorin für Dogmatik an der Philosophisch-theologischen Hochschule der Salesianer Don Boscos in Benediktbeuern.

Ute-Beatrix Giebel, Bondorf, geb. 1957, Theologin und Pädagogin, Fernsehredakteurin, Vizepräsidentin des KDFB.

Ulla Grysar, Aachen, geb. 1944, Kunsterzieherin, Heilpädagogin und Sozialarbeiterin, Leiterin einer Begegnungsstätte für Alleinerziehende, engagiert bei Pax Christi, KDFB, Frauennetzwerk Aachen.

Prof. Dr. Marianne Heimbach-Steins, Bamberg, geb. 1959, verheiratet, Mitglied der Theologischen Kommission des KDFB, Inhaberin des Lehrstuhls für

Christliche Soziallehre und Allgemeine Religionsso-
ziologie an der Universität Bamberg, Erste Vorsitzende des Vereins „AGENDA – Forum katholischer
Theologinnen e.V.

Dr. Benedikta Hintersberger OP, Augsburg, geb.
1941, Dominikanerin, Theologin, Geistliche Beirätin des KDFB auf Bundesebene, Schulleiterin.

Dr. Irmgard Kampmann, Bochum, geb. 1952,
Lehrerin an einer Gesamtschule in Essen, engagiert
bei „Maria von Magdala", im Leitungsteam des
Netzwerks „Women's Ordination Worldwide"
(WOW), verheiratet, zwei Kinder.

Gabriele Klöckner, Geldern/Niederrhein, geb.
1952, Germanistin und Pädagogin, Schriftleiterin der
„Christlichen Frau", Verbandszeitschrift des KDFB.

Dr. Dr. h.c. Hanna-Renate Laurien, geb. 1928,
Regierungsmitglied in Rheinland-Pfalz und Berlin,
dort Präsidentin des Abgeordnetenhauses. Vorsitzende des Diözesanrates und des KDFB in Berlin.
Mitglied im Hauptausschuß des ZdK.

Prof. Dr. theol. Verena Lenzen, geb. 1957, Professorin für Judaistik, Theologie, Christlich-Jüdi-
sches Gespräch und Leiterin des Instituts für Jüdisch-
Christliche Forschung an der Universität Luzern,
Schweiz.

Irene Löffler, Friedberg bei Augsburg, geb. 1957,
Theologin, Leiterin der Geschäftsstelle der
Arbeitsgemeinschaft Frauenseelsorge Bayern, zwei
Kinder.

Dr. Claudia Lücking-Michel, geb. 1962, Theologin, leitet die Abteilung für Bildung- und Pastoralarbeit bei Misereor, Vizepräsidentin des KDFB und Vorsitzende der Internationalen Kommission, Mitglied im Hauptausschuß des ZdK. Sie ist verheiratet und hat zwei Kinder.

Dagmar Mensink, Stuttgart, geb. 1963, verantwortet das Referat Philosophie an der Akademie der Diözese Rottenburg-Stuttgart, ist Mitglied der Theologischen Kommission des KDFB und bei AGENDA – Forum katholischer Theologinnen e.V.

Dr. Hedwig Meyer-Wilmes, Kleve, geb. 1953, Universitätshauptdozentin für Feministische Theologie an der Kath. Universität Nijmegen, Gastprofessorin an der Kath. Universität Löwen, u.a. Mitglied bei Netzwerk Feministische Theologie, Europäische Gesellschaft für theol. Forschung von Frauen.

Dr. Gabriele Miller, Rottenburg, geb. 1923, Mitglied der Theol. Kommission des KDFB, lange Jahre Mitarbeiterin der Diözese Rottenburg-Stuttgart, von 1992 bis 2001 Gastprofessorin an den beiden Priesterseminaren in Guatemala, Geistliche Beirätin des KDFB Rottenburg-Stuttgart.

Claudia Nietsch-Ochs, Merching, geb. 1957, Theologin, Bildungsreferentin beim KDFB Augsburg, verheiratet, zwei Kinder.

Dr. Sabine Pemsel-Maier, Freiburg, geb. 1962, Professorin für Dogmatik und Religionspädagogik an der KFH Freiburg, Lehraufträge für Feministische Theologie, Mitglied von AGENDA, der Theologischen Kommission des KDFB und des Ausschusses „Frauen und Kirche" der Erzdiözese Freiburg.

Dr. Regina Radlbeck-Ossmann, Schwandorf, geb. 1958, Theologin, derzeit Habilitation, Akademische Rätin an der Universität Regensburg, verheiratet, drei Kinder.

Prof. Dr. Dorothea Sattler, Münster, Theologin.

Dr. Annette Schavan, Stuttgart, geb. 1955, Ministerin für Kultus, Jugend und Sport in Baden-Württemberg, Vizepräsidentin des ZdK.

Dr. Ursula Silber, Würzburg, geb. 1966, Theologin, tätig in Predigtausbildung, Frauenarbeit und Gemeindearbeit.

Dr. Aurelia Spendel OP, Augsburg, geb. 1951, Dominikanerin, Vorsitzende der Theologischen Kommission des KDFB, Mitglied im Hauptausschuß des ZdK, Pastoraltheologin und Autorin.

Dr. Andrea Tafferner, geb. 1961, 1992–1995 Leiterin des Referates Frauenseelsorge im Bischöflichen Generalvikariat Münster, Lehrauftrag für Dogmatik an der Philosophisch-Theologischen Hochschule der Franziskaner und Kapuziner in Münster.

PD Dr. habil Marion Wagner, Wallerfangen, geb. 1957, Theologin, Lehrtätigkeit in Hochschule, Schule und Erwachsenenbildung.

Dr. Verena Wodtke-Werner, Tübingen, geb. 1960, Mitglied der Bildungskommission des KDFB, Leiterin des Diözesanen Bildungswerks Rottenburg-Stuttgart, verheiratet, zwei Kinder.

ABBILDUNGSVERZEICHNIS

Verzeichnis der Linolschnittabbildungen
von Claudia Nietsch-Ochs

DON BOSCO FRAUENSPUREN

In gleicher Ausstattung erschienen:

Benedikta Hintersberger / Stefanie Spendel (Hrsg.)
Reiß mich in deine Zukunft
Mit Frauen der Bibel beten
Frauen entdecken das Gebet biblischer Frauen.
240 Seiten, ISBN 3–7698–1120–8

Benedikta Hintersberger /
Stefanie Aurelia Spendel (Hrsg.)
Gott im Sinn
Mit großen Frauen auf dem Weg des Glaubens
Legenden und Leben von 23 Frauen der
jüdisch–christlichen Glaubenstradition.
176 Seiten, ISBN 3–7698–1178–X

Hildegard König / Irene Leicht (Hrsg.)
Heilige Unruh
Bewegende Frauen in den Zeiten der Kirche
Eine spannende Entdeckungsreise in die
Geschichtsschreibung von Frauen.
196 Seiten, ISBN 3–7698–1252–2